《定日八十教言》經典開示

大成就者帕當巴桑傑的古老智慧，與創古仁波切的現代實修指南

帕當巴桑傑｜教言　第9世堪千創古仁波切｜講述

堪布羅卓丹傑——藏譯中

譯者序

憶師恩——在翻譯中重逢上師

翻譯此書時，我不斷憶起與創古仁波切相處的點點滴滴。

這部教言的講解，緣起於2009年加拿大噶瑪大乘深明苑師生的祈請。當時創古仁波切已經76歲高齡，卻神采奕奕地以四天九堂課的時間，將這部十一世紀的古老教言，轉化為現代人能夠理解並實踐的智慧。更令人動容的是，2022年仁波切89歲時，仍親自校訂文稿，確保法義準確無誤。一年後，仁波切便在尼泊爾示現圓寂。

仁波切總是那麼平易近人，慈悲關懷每一位弟子。記得每隔一段時間拜見，他總會微笑地問：「修行上有遇到什麼困難嗎？」這句看似輕鬆的問候，卻蘊含著上師對弟子修行的深切期許。有沒有修行自己最清楚——有修就一定會遇到問題和困難，因為自己沒有修，通常都會慚愧地不知該如何回答。然而，仁波切從不給人壓力，透過簡單的問題，便讓我們自然地想要精進用功。

仁波切的教學風格務實而慈悲。他深知現代人生活忙碌，不會要求我們去做超出能力範圍的事，總是鼓勵說：「從你現在能做到的開始，一步一步來。」在開示關於生命無常的頌文時，他提醒：「精進很重要，但也要懂得休息。身心健康才能長久修行。」他深知毅力的重要性，也明白勉強精進的問題，因此提醒我們要在精進和放鬆之間找到平衡。

然而，懂得休息、平衡身心，並不意味著可以懈怠。仁波切圓寂後，我更深刻體會到書中關於無常的教導。第22則教言說：「上師真實皈依處，頂戴不離定日人。」對我而言，創古仁波切正是這樣一位真實的皈依處。他不僅傳授佛法知識，更以切實的身教示現何謂真正的修行者。仁波切常說：「佛法不是用來炫耀學問的，而是要能在生活中應用。」

2025年夏天，在仁波切的舍利塔於南無布達落成之際，我完成這部譯作。這一次的翻譯，讓我有機會重溫上師的法教，在交稿後的好多天裡，我仍沉浸於彷彿當年坐在仁波切身邊口譯和聽法的感覺。

本書最初由創古文化翻譯小組成員耶喜拉莫翻譯初稿，她為此付出極大心血。為了更準確地傳達仁波切的法義，並更貼近仁波切說法的風格，我依此做了全面新譯。在此特別感謝耶喜拉莫的基礎工作。

同時，深深感謝編輯團隊的專業與用心。他們不僅細心審閱每一個詞句，更在法義的精確表達上提供了寶貴的建議。每一次的討論與修訂，都讓這部譯作更加完善。他們的耐心與智慧，是成就此書的重要助緣。

為了讓讀者更深入了解帕當巴桑傑這位偉大的印度成就者，本書附錄特別整理了蔣貢康楚羅卓泰耶對他的記載與讚頌，這篇文獻展現了帕當巴桑傑在藏傳佛教史上的重要地位，以及他的教法如何深遠地影響了後世的修行者。

再次感謝所有成就此書出版的法友們。願此功德迴向一切眾生，祈願佛法長久住世，創古仁波切的慈悲言教繼續照亮無數眾生的解脫之路。祈願所有讀者都能從這部教言中獲得啟發，在各自的修行道路上穩步前進。

最後，祈願創古仁波切的轉世迅速到來，常轉法輪，正法久住。

創古文化總監暨本書譯者

堪布羅卓丹傑 合十

2025年夏於臺北

導言

跨越九百年時空的智慧傳承

離開人世時，一位證悟者會留下什麼？對十一世紀的印度大成就者帕當巴桑傑而言，答案是這部《定日八十教言》——一份凝聚畢生修行精華的臨終贈言。

一位傳奇行者的生平

帕當巴桑傑，這個名字在藏傳佛教史上廣為人知。他是出生在印度南部的大班智達。在毘迦摩尸羅寺出家後，他依止了五十四位男女成就者，親見三十六位殊勝空行上師，更與十二位善逝本尊直接對話。特別是在烏迪亞納尸陀林，他得到世尊無我佛母的親自攝受，證得了最殊勝的大手印悉地。[註]

註：此段記載可見於竹巴噶舉派第四任法座持有者——袞千貝瑪嘎波（Kunkhyen Pema Karpo，1527–1592）所著的《佛教史：開顯教法蓮花之日光》，收錄在作品全集《袞千貝瑪嘎波文集》的ཁ·函中。書中提到，帕當巴桑傑是在阿闍黎蓮花戒於藏地圓寂後，轉生在南印度擦瑞辛哈（Carasiṃha）一個商人家族。他跟隨堪布給瓦拉出家，其後依止堪布給瓦拉和婆羅門聖天等諸位大師，精通五明。

這位大成就者與藏地的因緣極深。根據文獻記載，他曾五次進入藏地：首次從卓通拉山口進入，抵達扎日聖地，遍訪整個多康地區；第二次從喀什米爾來到阿里；第三次從尼泊爾進入後藏；第四次從夏烏拉山口來到涅地，在衛地利益眾生；第五次則是在漢地停留十二年後，最終返回定日[註]。

息苦法脈的創立與傳承

帕當巴桑傑不僅是一位遊方的瑜伽士，更是藏傳佛教八大實修傳承之一——息結派（又稱希解派)的祖師，息苦法脈的創立者。為什麼稱為「息苦法」？正如第一世蔣貢康楚仁波切所說：「其他法門是先淨化煩惱這個因，藉此間接消除痛苦；息苦法門則是直接淨化痛苦這個果，藉此將煩惱連根拔除。」

息苦法的傳承分為三個時期。前期主要在印度和喀什米爾地區傳播；中期則以瑪、索、康三位弟子為主，發展出五十四大傳承及三十二法類小傳承；而後期——也就是本書教言產生的時期——則是帕當巴桑傑在定日安住時的弘法階段。

在定日時期，帕當巴桑傑的弟子眾多：有二十五位破除迷

註：定日位於西藏日喀則市西南方，地處喜馬拉雅山脈中段北麓、聖母峰山腳，與尼泊爾接壤，歷來為藏傳佛教發展的重要地之一。

執的修行者、一百零八位傑出大弟子、二十四位女性尊者，以及十二位繼承法位的弟子。其中最著名的是「四門瑜伽士」：東方的當巴查稱傳授經典與修法相結合的法類；南方的穢跡金剛傳授寶藏集要類；西方的當巴查崇收集逐步引導的修持法門；北方的菩薩袞嘎則整理記錄了佛法傳統的教法系列。

與噶瑪噶舉的特殊因緣

特別值得一提的是，息苦法與噶瑪噶舉派有著深厚的法緣。根據傳承記載，這個法脈從若謝饒沃傳到一切智者索南喇嘛，再傳到噶瑪巴若佩多傑（第四世噶瑪巴）、夏瑪卡卻旺波、噶瑪巴德新謝巴（第五世噶瑪巴）等歷代噶瑪巴。更特別的是，尊者帕當巴桑傑曾直接加持噶瑪巴通瓦敦殿（第六世噶瑪巴），建立了殊勝的近傳承。

這種跨教派的影響力，正是藏傳佛教的特色——不同傳承之間相互學習，共同守護佛陀的教法。創古仁波切作為噶瑪噶舉的重要上師，講解這部與自宗有深厚淵源的教言，更顯意義非凡。

定日山谷的最後時光

公元十二世紀初，這位遊歷印度、藏地、漢地的大成就者，終於在定日山谷安住下來。當他即將示現圓寂時，主要弟子當巴洽堅向他祈請：「您即將涅槃，從安樂趣向安樂，對您而言並無差別。然而，請您為我們定日的弟子們留下遺教，作為我們皈依的處所、祈請的對象，以及生起信心與虔誠的所依。」

於是，這位看盡人世滄桑的證悟者，將他一生的體悟濃縮成97則精要的教言。每一則都直指人心，都是可以實踐的修行指南。從「今若虛度空手返，人身復難定日人」的警醒，到「我心無散定日人，汝等當隨定日人」的最後叮嚀，字字句句都是他對弟子們的深切關懷。

跨越時空的智慧傳承

想像一下：九百多年前，在藏地定日的山谷中，一位來自印度的瑜伽士即將離世，弟子圍繞在他身邊，懇求最後的教導。於是，這位住世數百年、五次進入藏地、遍訪漢地的神奇行者，將他一生的體悟濃縮成一則則精要的教言——這就是《定日八十教言》的由來，不是書齋裡的哲學思辨，而是一位實修者在生死關頭的真心話。

2009年在加拿大的噶瑪大乘深明苑，另一位大師——創古仁波切，為現代的修行者重新開啟了這個古老的寶藏。當時76歲的仁波切，以他特有的平實風格，將這些看似簡單的偈頌，轉化為適合當代人的修行指引。

創古仁波切的現代詮釋

什麼是創古仁波切的講解風格呢？用他自己的話說：「佛法不是用來炫耀學問的，而是要能實際運用在生活中。」因此，當他講到「無散勤修正妙法」時，不會長篇大論地討論哲學概念，而是直接告訴你：「週末正好可以修法，一個月就有八天。不要去河邊釣魚，要把握時間精進。」

這本書最大的特色是實用性，97則教言分為三大部分：

前行部分（42則）——如何在日常生活中培養出離心。從「今若虛度空手返」開始，教導我們如何看待人身、財富、親友、故土，如何在世俗生活中保持修行的動力。

正行部分（26則）——直指心性的勝義諦教授。用最簡潔的語言，揭示明空不二、樂空雙運的甚深見地。即使是深奧的大手印教法，也以平易的比喻來說明。

結行部分（29則）——出定後如何保持正念。從處理煩惱、面對逆境，到如何在人群中修行，給出具體可行的指導。從印度到藏地，從十一世紀到二十一世紀，從帕當巴桑傑到創古仁波切，這部教言承載著歷代祖師的加持。它不僅是定日山谷的遺產，更是全人類的心靈財富。

正如第一世蔣貢康楚仁波切所說：「迄今為止，一切不分教派的善知識皆以此為修持，因為此法對於調伏內外難調者不可或缺。」透過創古仁波切的詮釋，這個古老的智慧再次煥發新生，成為現代人可以實踐的生活指南。

為什麼要讀這本書？

在這個資訊爆炸的時代，為什麼要讀一本九百年前的教言？答案很簡單：因為人心沒有改變。我們依然貪戀財富，執著身體，為親友所累，被煩惱所困。而這些教言，正是針對這些永恆的人性弱點而說。

更重要的是，透過創古仁波切的講解，這些古老的智慧被賦予了新的生命。他不是在「考古」，而是在為現代人指路。當他說到「今若無閒何時閒」時，立刻聯想到現代人的藉口：「工作太忙，沒時間修行。」然後溫和地提醒：「如果現在沒時間，什麼時候才會有時間呢？」

一個特殊的時刻

中文譯本的出版，時機特別殊勝。2023年創古仁波切圓寂，2025年舍利塔在尼泊爾落成。正如書中所說：「生已預示死必至」——仁波切的示現，成為這部無常教法最真實的註腳。

然而，正如帕當巴桑傑的教法穿越九個世紀仍在利益眾生，創古仁波切的開示也將繼續照亮後人的修行之路。這不是結束，而是另一種形式的傳承。

如何使用這本書

能夠從頭開始仔細閱讀是最好的。你也可以：

☐隨意翻開一則教言，作為當天的格言。

☐遇到人生困境時，尋找相應的指導。

☐作為每日修行的參考指南。

☐當成睡前的心靈讀物。

最重要的是，不要只是閱讀，而要實踐。正如創古仁波切常說：「懂得再多佛法，如果不實修，就像對別人說教，自己卻不實行一樣。」

願每位翻開這本書的讀者，都能從中找到適合自己的修行之道。在這個充滿不確定的時代，讓這些歷經時間考驗的智慧，成為我們心靈的避風港。

目次

◎正行・26則教言：直指心性的勝義諦教授

◎結行・29則教言：出定後如何保持正念

皈依發心

究竟天宮法界中，三世諸佛之體性，
直指自心即法身，根本上師前頂禮。

稽首三世諸佛之體性、諸部壇城之海主、無比大恩具德上師之無垢足塵，三門敬禮，至誠皈依，祈請加持。

為令如虛空遍及的一切有情，安置於無上遍智正等覺果位，當以殊勝菩提心為發心，虔敬聽聞甚深正法，如理修持。

壹｜初善——前言

初善──前言

本書分為三個部分：壹、初善──前言；貳、中善──正文；參、後善──結語。

初善的前言部分，分為二：一、問候；二、名義。

一、問候

大家都很重視這次的法緣聚會，有些法友不辭辛勞，遠道而來；住在附近的法友雖工作繁忙，責任眾多，還是放下手頭的事情前來聽法。大家這麼用心求法，我深表感謝。

二、名義

分為二：（一）誦讀題名；（二）宣說名義。

（一）誦讀題名

《定日八十教言》──印度大成就者當巴甲嘎或當巴桑傑之道歌教言。

（二）宣說名義

這次跟大家結法緣的內容，是帕當巴桑傑所造的《定日百法》，也稱為《定日八十教言》，這是他賜予我們的教言。

若說到帕當巴桑傑的智慧，他是印度的班智達；若說到修證，他是一位殊勝的大成就者。他住世多年，不僅在印度廣度眾生，也到藏地和漢地度化了許多眾生，是一位對我們恩德深重的大師。

他是怎麼去到那麼多地方，又是怎麼能夠住世幾百年呢？這一切都超乎了我們一般人的想像，他確實是一位極為殊勝的大成就者。這次我們有機會學習他的教言，師徒之間結下這樣的法緣，真的是非常難得的事情，我也感到無比歡喜。

這部教言稱為《定日百法》，因為是數百年前宣講的，所以有許多不同的版本流傳下來，有些版本收錄的教言相對較多，有些則較少。我這次要講解的是第一世蔣貢康楚仁波切羅卓泰耶所編撰的《教言藏》中收錄的版本。

佛法傳入雪域藏地之後，依據不同的修持教言，逐漸形成了八大實修傳承。其中，息苦法脈就是由帕當巴桑傑所創立。雖然一切佛法都能息滅痛苦，不過這個教法特別融攝了所有般若波羅蜜多的教言，以此教導息滅痛苦的方式，所以被稱為「息苦法」。

蔣貢康楚仁波切編撰的《教言藏》中收錄了八大實修傳承的教言，其中有一大函專門講解息苦法的內容。在《教言藏》中，稱《定日百法》為《定日八十教言》。

《定日百法》與《定日八十教言》這兩個版本其實沒有太大的差異。我是在蔣貢康楚仁波切等噶舉教法傳承上師的教導下學習成長，而且與我有緣的本尊也屬於噶舉傳承，我得到了此法脈的教言與加持傳承，所以，我會為大家講解蔣貢康楚仁波切《教言藏》中收錄的版本。

為什麼要說明這點呢？因為當我們對照《定日百法》的英譯本和中譯本，會發現內容有些差異。這些差異主要在於各版本的教言數量和排列順序不同。因此我要先說明，我所依據的是蔣貢康楚仁波切編撰的《教言藏》中的版本。

貳｜中善——正文

中善—正文

正文分為二個部分：一、教言的緣起；二、97則教言。

一、教言的緣起

緣起有二：（一）最初祈請的緣由；（二）宣講的緣起。

（一）最初祈請的緣由

帕當巴尊者住世數百年後，最終在定日圓寂。圓寂時，他留下了如同遺教般的教言。當時，尊者的主要弟子當巴洽堅向帕當巴桑傑祈請道：「您即將涅槃，從安樂趣向安樂，對您而言並無差別。然而，請您為我們定日的弟子們留下遺教，作為我們皈依的處所、祈請的對象，以及生起信心與虔誠的所依。」尊者因此開示了這些教言。

（二）宣講的緣起

頂禮上師，
定日有福瑜伽眾，如舊衣裳不復新，
病者壽盡醫莫救，地上世人必逝去，
恰似百川歸大海，一切有情皆如是。

這段偈頌說明了尊者為何宣講這些遺教：「各位有福報的人、聚集在定日的瑜伽士們，請仔細聽著！就像舊衣服破了無法恢復如新一樣，當一個人的壽命已盡或即將示現涅槃時，即使求醫也沒有用了。」

「必逝去」是什麼意思呢？就是說無論如何都要走向涅槃。為什麼說一定會逝去呢？這並不僅僅是指尊者一個人，而是這個世間上所有人都逃不過無常和死亡的規律。就像所有河流最終都會流入大海一樣，無論是長河還是短溪、大江還是小川，最終都會匯入大海。同樣地，人的壽命雖然有長有短，有的人活得久，有的人命短，人生有很多不同的情況，但最終大家都只有一個去處。

現在尊者示現無常的樣子，同樣地，有福報的弟子也逃不過無常的規律，所以，應該好好聆聽這些遺教中的教言。尊者說，我們之所以要聆聽這些教導，正是因為我們都是無常的。

尊者藉此教導了無常的道理。他示現涅槃，就是為了傳授無常的教言。實際上，他已經住世了好幾百年，以後也能繼續住世好幾百年，但為了讓眾生看清常執的欺騙性，才示現涅槃。所以在示現涅槃時所給予的教言，主要也是在開示無常的真理。

一切有情皆如是，如鳥振翅離樹梢，我不久居將遷離。

所有的有情眾生，不論是世間上的顯赫人物還是平凡人，不論是有能力或沒有能力，有財富或沒有財富，不論是人類，還是虎、豹、熊等大型野獸，或是蟲蟻等微小生命，一切有情的生命都在逐漸消逝。就像小鳥不會在樹上長久停留，終將飛走一樣，尊者也不會久住於此。

「我不久居將遷離」的意思是，就像遊牧民族會遷移住處一樣，他即將離開這個世間。因此，他給予了這些教言，並說明了為什麼要宣講這些教誨。

這是一個一般人都接受的常識，而且完全符合佛法的精神，因此你們一定要認真聆聽。為什麼必須聆聽呢？因為所有人最終都會去往同一個地方。尊者即將走了，之後弟子們也必然會走，為了不在那時候感到痛苦，所以，必須要聆聽並且領會這些教言。

二、97則教言

正文的97則教言，主要分成三個部分：[註]

（一）前行的42則教言。

（二）正行勝義修持的26則教言。

（三）出定後的行持方式的29則教言。

註：前行的42則教言，從教言1「今若虛度空手返，人身復難定日人」至教言42「俱生骨肉定分離，莫執壽常定日人」（頁33-119），教導如何在日常生活中培養出離心。

正行的26則教言，從教言43「持守勝境本然地，無有遷變定日人」至教言68「樂空無別日照雪，無可執取定日人」（頁120-162）。教授直指心性的勝義諦修持。

結行的29則教言，從教言69「謬語無跡如谷響，於聲無執定日人」至教言97「我心無散定日人，汝等當隨定日人」（頁163-192），教導出定後如何保持正念。

1

今若虛度空手返，人身復難定日人。

第1則教言：我們這次一定要謹慎行事，致力於成就正法。

「今若虛度空手返」的「空手返」指的是：最初我們出生時，並沒有帶著功德、財富、衣服或珍寶，我們是身無長物、一絲不掛、兩手空空地來到這個世上。隨著時間流逝，如果到壽命盡了還沒有做出有益於來世的事情，人身就會成為「空手返」。這樣的人身未能成就任何真正的意義，即使此生做了很多世間的事情，對死後也沒有什麼益處。

那麼，要怎麼做才能不成為「空手返」呢？如果我們能想著「我有好好地修法，透過修法而出現了某些徵兆」，或是「我有好好地修法，修持的成果是這樣的」，那就是最好的。不然的話，即便只是想著「我入了佛門，稍微修過一些法」，也可以不成為空手返。比如，如果念過一千萬遍觀音心咒，死前有「我這輩子有好好地念了一千萬遍觀音心咒」的想法，就不會成為空手返；或者有「我好好地修了四十萬加行」的想法，也不會成為空手返。相反地，如果一事無成，就算獲得了人身也會空手而歸。

那麼，得到人身真的能夠完成重要且有意義的事嗎？可以的。但是，如果沒有完成任何有意義的事情就離去，就是空手而歸。因此，我們不應該讓這種情況發生。那麼，什麼時候應該行動呢？就是在我們現在身體健康、生活快樂、一切順遂的時候，就應該著手去做。總之，我們絕不能空手而歸。

下一句「人身復難定日人」。我們死後還能再次得到人身嗎？可以的。怎麼做才能得到人身呢？如果我們沒有空手而歸，而是好好聆聽接下來所講的教言，將其牢記在心並付諸實踐，這樣做的話，就能得到人身。這句話並不是指我們無法再次獲得人身，而是說獲得人身是有困難的。那麼，對哪些人來說是有困難的呢？對於那些空手而歸的人來說是有困難的；但是，對於那些沒有空手而歸的修行者來說，是能夠得到人身的。

我們應該將第一則教言中的哪些內容牢記於心呢？「自己不能讓此人身空手而返」，要將這個想法好好地放在心上。自己能夠得到這個人身是何其幸運！正因為非常幸運，所以應該充分利用這個人身，要想著如何讓它對未來有利益。如果出生時兩手空空、死時也兩手空空的話，那麼這個人身就沒有任何意義，而且未來也得不到人身了。相反地，如果依教奉行的話，自己就不會成為空手而歸的人，來世獲得人身也不會有困難。因此，要將尊者的第一則教言放在心上。

2

三業勤修正妙法，即成勝業定日人。

那麼，為了不虛度人生，讓人身空手而回，我們應該做什麼呢？教言教導我們應該「勤修正妙法」，也就是要精進修持正法。如何勤修正法呢？我們需要以身、語、意三業來修持。僅僅用身體修持是不夠的，僅僅用語言修持也是不夠的，僅僅用心意修持同樣是不夠的。

以我自身為例，我身披袈裟，剃除頭髮，外表看起來是一個如法的出家人，但是僅憑外表是遠遠不夠的。

我們還需要觀察自己所說的話，是否與正法相應？還是在說一些與正法相違的妄語、離間語、綺語[註]和惡語？我們需要好好觀察。

如果我的外表看起來很如法，語言上也不說妄語、離間語、惡語等，那當然很好。但僅憑這些也是不夠的。我們必須觀察自己內心的想法，要檢視自己的心是否具備與正

註：此三者皆屬於「十惡業」之一。其中，「妄語」特指出於欺騙動機所說的虛假話；「離間語」是指挑撥他人關係、破壞人際和諧的言詞；「綺語」則泛指一切浮華不實、令人迷亂，尤其是含有淫意或誘惑性的言語。

法相應的慈心、悲心、信心、恭敬心和善良的意念等。如果這些都不具備，而是充滿貪、瞋、癡、傲慢、嫉妒、害心等不善念頭，那麼身和語的如法也就沒有太大意義了。因此，我們必須謹慎行事，認真修持正法。

那麼，是不是只需要以「意」來修持正法呢？也不是的，我們還是需要讓身體和語言都與正法相應。

但僅有身和語的修持也是不夠的。比如，即便我的手在撥動念珠，口中持誦觀音心咒，但如果只是這樣而已，還是不夠的。我們還要仔細觀察：我的心裡在想些什麼？我的念頭中是不是有慈心和悲心、信心和恭敬等？如果心中充滿顛倒妄想，隨逐煩惱，那麼在這種情況下，我們的修持就不會是清淨的。

一般來說，用身、語、意三者中的任何一種來修持佛法都是很好的，但如果只用其中一種是不夠的。因此，為了不讓暇滿人身空手而回，我們應當以身、語、意三業精進修持正法。

「勤修正妙法」指的是要儘可能地精進於正法。如果身、語、意三業都能夠做到，正如頌文所說「即成勝業定日人」。

一般來說，我們都在做某些事情。如果能做到最好，就應該做一些對自己和他人都有益的事。即便做不到這樣，至少也要做一些能讓自己變得更好的事；如果能夠這樣做到，那就是好事。否則，如果做的事對自己沒有好處，對他人也沒有好處，對自他都沒有幫助，那麼這樣做事就失去了意義，沒有任何幫助。

因此，我們要做好事。那麼，應該做什麼樣的好事呢？關鍵在於以身、語、意三業精進於正法。尊者告誡我們不要忘記這一點，這就是他賜予的第2則教言。

3

至心皈命三寶前，自得加持定日人。

接下來是第3則教言。就字面意思[註]，「肺、心、胸」這三個詞是一種比喻，這裡的含義並不是要將肺、心、胸三者奉獻給三寶。教言的主要意思是，我們應當至心皈命三寶，懷有深切的信賴和堅定的信任。

經典教導我們應當以三種信心將心託付於三寶。第一種「清淨信」，是指認為三寶殊勝美好的想法。第二種「希求信」，包含希望在未來證得佛果，想要修習佛法，願意以僧寶為友伴。第三種「勝解信」，是對三寶有堅定的信念。

那麼，我們應當如何將心託付於三寶呢？佛法中教導，我們應當以三種方式皈依三寶：以導師（佛寶）、道路（法寶）和友伴（僧寶）的方式皈依。

在皈依導師佛陀的時候，我們應當抱持怎樣的信心呢？佛

註：藏文原文是「肺心胸三者」，譯者取其含義，中文譯為「至心」。

世尊曾說：「諸佛非以水洗罪，非以手除眾生苦，非移自證於餘者，示法性諦令解脫。」正如這個偈頌所說，輪迴眾生的痛苦是無法用手清除的。

例如，當我們面對極大的艱難、痛苦或嚴重的疾病，如果認為只要祈請佛陀，佛陀就會親手將這些痛苦帶走，這是不會發生的。同樣地，如果我們自身缺乏智慧和才能，卻以為佛陀會直接賜予我們這些，這也是不可能的。

那麼，佛陀究竟會如何幫助我們呢？佛陀會宣說正法，教導我們：「你們應該斷除惡業、不善業，應該修持真正的善業。」這就是佛陀賜予我們的教言。我們應當好好聆聽，並發願「我要盡己所能實踐佛陀的教導」。將這些教導銘記於心，藉由實踐佛陀所宣說的法，我們才算是以佛陀為導師而皈依。

那麼，如何依止法寶呢？佛法並不能讓我們立刻從痛苦中解脫，而是在修持佛法之後，我們才能得到解脫輪迴痛苦和斷除一切煩惱的方便。

如何皈依僧寶呢？經典中說「以道友的方式來皈依僧

寶」，無論修行的人是出家人還是在家人，如果能夠親近那些對佛法有信心和信任的道友，依循他們的教導，自身會有如下的改變：原本缺乏信心，信心會增加；原本缺乏恭敬心，恭敬心會增長；原本缺乏出離心和厭離心，出離心和厭離心會增長；原本缺乏慈悲心，慈悲心會增長等。能有這樣的轉變，這就是皈依僧寶道友的具體表現。

如此，將佛寶視為導師並依靠他，將法寶視為道路並依循它，將僧寶視為道友並親近他們。藉由這樣的依止方式，正如帕當巴桑傑尊者所言「至心皈命三寶前，自得加持定日人」，我們自然而然就會獲得三寶的加持。因此，我們應當依止三寶並對其生起信心。

4

放下今生求後世，登願巔峰定日人。

在帕當巴桑傑的《定日八十教言》中，第4則教言教導我們不要執著現世，應當放下今生。由於這一則教言也談及「無常」的道理，因此我們先簡略說明一下無常的概念。

通常，當我們談到無常，往往會讓人感到心情低落、似乎沒有快樂感。然而，思惟無常能夠激勵我們的心靈，藉由這種思惟，我們能夠成就自己的事業。

例如，密勒日巴尊者曾說：「我因畏死而入山，今得不死堅固處。」最初，他因為思惟無常，生起對死亡的恐懼，因而入山修持；其後，在山中修行時，在無常觀的激勵下，他成就了殊勝的禪定；最終，他獲得了不畏懼死亡的究竟果位。

不僅如此，佛經中還說：「修持無常是一切禪定中最為殊勝的。」為什麼無常觀是最殊勝的禪定呢？因為它「初為入法之因，中為精進之鞭，終為得果之友」。

「初為入法之因」的含義是：通常，當我們在修持佛法和從事世間事務之間做選擇時，往往會選擇世間事務。這會使我們陷入散亂，難以真正投入佛法的修持。然而，如果我們能在心中生起對無常的認知，藉由觀察無常的實相，就會生起出離心。這種出離心會促使我們產生必須修持佛法的決心。

那麼，是什麼使我們生起這種心念呢？正是因為我們修習了無常觀。因此，無常觀是「初為入法之因」。

我曾經遇到一位非佛教徒。當他問及我的身分時，我回答：「我是佛教徒。」他隨即表示：「佛教不太好。為什麼呢？通常宗教應該能夠激發人的勇氣和潛能，但佛教似乎只談論消極的事情，總是講無常、苦、空、無我等，只有悲觀的話題。」

這種看法或許有一定的道理。確實，佛教談論無常、苦等概念。然而，佛教宣說這些並不是沒有意義的，反而具有深刻的必要性。這個必要性正是我們前面提到的──「初為入法之因」。

「中為精進鞭」的含義是：進入佛門以後，我們往往很難持續精進修行，有時會生起懈怠，有時對於修行的意願會減弱，缺乏精進的動力。在這種情況下，我們需要以什麼來激勵自己呢？答案是：我們應該修習無常。

如果我們能在心中真正生起對無常的深刻認知，那麼，原本缺乏精進的人也會變得精進；對於修行沒有意願的人，也會生起修行的動力。

因此，有時會有人來問我：「我確實很喜歡佛法，也很想修行，但總是無法做到。有什麼好方法嗎？」對於這樣的問題，我通常會回答：「一般來說，修持『轉心四思惟』會有幫助，尤其是思惟無常，這對你會特別有益。」

如果我們思惟無常，它會成為「中為精進之鞭」，激勵我們精進修行。

「終為得果之友」的含義是：首先，無常觀作為「入法之因」，引導我們步入修行之門；其次，作為「精進之鞭」，激發我們生起精進心，不懈地修持；那麼，最終我們會獲得何種果報呢？修持佛法的究竟果位——佛陀的果位——

將會實現。正是因為這個原因，我們應當勤修無常觀。

思惟無常之後，我們應該做些什麼呢？通常，我們會面臨兩種選擇：是應該從事佛法的修持，還是應該處理世間的事務。我們應該如何抉擇呢？若是能夠放下今生，捨棄世間事務，思考來世，全心投入佛法的事業，這將是最佳的選擇。

為什麼這樣做會帶來好處呢？如果我們過於重視今生，今生的事物就會變得更有影響力，這樣一來，就會減弱我們修持佛法的意願，甚至可能完全捨棄佛法。無論我們怎麼做，今生總是會過去；但如果捨棄了佛法，我們就無法進行修行了。正因如此，我們應該放下今生，追求後世的實義。

那麼，這樣做究竟有什麼好處呢？正如「登願巔峰定日人」的偈頌所說：我們將登上願望的巔峰。就好像尊者在說：「我從前這樣實踐，現在看來真是美好，我已經成就了自己的目標。」這就是尊者所傳授的重要教言和教誨。

5

夫妻暫聚如市客，勿起紛爭定日人。

這是針對在家眾的第5則教言。尤其是對於居家修行的人們所說的。

一般來說，我們應該儘可能避免憤怒、爭吵和惡語，這很重要。主要應該對誰這樣做呢？首先是對家中親近的人。如果我們能夠做到不對家人發怒或說惡語，那麼對於不常接觸的人，基本上就不會有這個問題了。

我們不應該說粗話或惡語，也不該引發紛爭。為什麼呢？因為我們雖然暫時聚在一起，但這種相聚並非長久穩定的。就像集市上的客人，今天來了不過待上一兩天或一個月，最終還是會各自離去。同樣地，我們的相聚也不是永恆的。因此尊者教導：我們不應該口出惡言、粗話，不應該爭吵，也不應該心懷惡意。

特別是有人問我：「我們有兒女，該如何讓他們將來過得好，能夠修行佛法呢？」對於這樣的問題，我的建議是：如果家人間能夠和睦相處、真誠正直、心平氣和、互相關愛，孩子們就會從這種榜樣中認識到修持佛法的人很好，他們心裡也會這樣想，日後也會願意學習和修持佛法。

因此，尊者給予這個教言，是希望我們不要互相說惡語、粗話，也不要爭吵。

6

財物如幻惑人心，莫為吝縛定日人。

修行佛法固然重要，但是我們不該僅僅因為佛陀的教法被稱為正法就盲目修行，我們應該了解修行的必要性和理由，然後再踏上這條真理之路。

是什麼阻礙我們進入佛法之門呢？可能是對財富的貪著、對自身的執著、對親友的眷戀，或是對家鄉故土的留戀。為了避免這些障礙，尊者首先教導我們不要貪戀財富享受，這就是第6則教言的要點。

表面上，財富看起來似乎耀眼、不可或缺，但實際上，這只是一種誘惑和欺騙。然而，我們有時確實需要財富。那麼，我們該如何正確對待財富呢？要麼自己受用，要麼用於利他。如果能同時利益自己和他人，這樣的財富就是善妙的，也與佛法相應。反之，如果被吝嗇所束縛，自己既不享用，也無法幫助他人，這樣的財富就沒有多大意義了。

正如薩迦班智達所言：「不用亦不施，自稱為富貴；觀山化黃金，致富更容易。」這個教誨告訴我們，財富應當用於兩個目的：自己使用及用來利益他人。如果既不使用，也不布施，只是吝嗇地積聚財富並自認為富有，那麼，這與想像一座大山是金山並認為自己是主人沒有太大區別；後者（想像擁有金山）甚至更簡單，因為不需要辛苦積累。

總之，辛苦積累的財富如果既不能利己，也不能利他，這樣的財富又有什麼意義呢？因此薩迦班智達說，與其這樣，不如輕鬆地想像大山是金山，反而更讓人開心。

這則教言告誡我們不要被吝嗇所束縛，應該努力讓財富利益自己也利益他人。

7

色身不淨臭皮囊，莫過美飾定日人。

接下來是第7則教言，說明過分珍愛執著自己的身體並沒有實質的利益。

雖然照顧身體的整潔和健康是需要的，但是過多的貪著並不會帶來益處。過度將焦點放在色身，想著「我會不會生病，我會不會不舒服」，這只會成為我們精進修行的障礙。而且，這樣的想法改變不了任何事情，為什麼這麼說呢？因為我們的身體既不堅固，也不完美，它不過是一個裝滿不淨物的臭皮囊，任何想要讓它變得更好的美化和裝飾，都將徒勞無功。因此尊者說：「定日的人們啊，不要再這樣做了！」

另外，寂天菩薩說：「故應惜此身，獨為修諸善！」[註]這是在教導我們應該善用這個人身，用它來修持佛法，這樣不僅對自己有利，也能利益他人。

註：出自《入菩薩行論》第五品〈護正知〉，如石法師譯。

雖然暇滿人身被比喻為珍寶，但這副身體真的如寶物般珍貴嗎？實際上，它完全由不淨物組成。然而，如果善加利用，它就具有成就自他一切所需的能力，這就是為什麼將人身比作珍寶。

如果過度認為這副身體珍貴，總是擔心會不會生病、會不會受苦，覺得需要精心呵護，這種執著並不會帶來多少好處。因此，「莫過美飾定日人」這句教言教導我們：不要貪執自己的身體，而是應該在佛法上精進努力。

8

親友如幻非實有，勿過眷戀定日人。

這則教言是尊者在告誡我們，不要對親友有太多的貪戀執著，以免成為修持佛法的障礙。

親人和朋友如同幻影一般。「如幻」意味著沒有實質、不堅固、不穩定。為什麼這麼說呢？一般來說，人的壽命不過四五十年，或者七八十年，並不長久。因此，終有一天會別離，總有一天會發生變化，所以這裡說他們如同幻影一般。

如果對於親友太過執著，即便想要修行，也可能會這樣想：「我需要修行，但如果不照顧親友，似乎不行。」或者擔心：「如果我花一天時間修法，我的事情就會被耽誤；即使只是修行一個小時，也會影響到我的工作。」因此尊者說「勿過眷戀定日人」，不要有這樣的執著。

我們應該致力於修持真正能夠利益自己和他人的佛法，這才是最重要的。這則教言為我們指明了斷除「貪執親友」的方法。

9

土地家園如牧場，莫生貪戀定日人。

這則教言告訴我們不要執著土地和家園。有時，我們會認為自己住的地方很美好，房子、環境都很不錯，因而難以割捨。另一方面，當修行時又會想：「這個地方不適合修行」、「這個住所不行」、「在這裡修行太辛苦了」。這樣的執著態度都會成為修行的障礙，沒有太大的益處。

這裡用「牧場」作為比喻，是因為牧民會遷徙到其他地方，不會在一處久留。同樣地，雖然我們現在可能不會一兩年就搬遷，但我們的生命時刻都在更替、變化，展現著無常的本質。因此，與其貪戀家園，不如儘可能地修持佛法，這才是最好的選擇。

基於這個道理，尊者給予了第9則教言：「土地家園如牧場，莫生貪戀定日人」，教導我們不要執著於土地和家園。

10

六道父母具恩眾，莫執我所定日人。

我們貪、瞋的根源是什麼呢？就是分別「這是我的」、「這是我所擁有的」、「那是別人的」等想法。如果我們執著自他的區別，就會對自己這一方過分珍愛和執著，而對他人那一方產生害心和嫉妒等煩惱。

我們應該避免這樣的分別心，平等地看待一切眾生。為什麼呢？因為六道中的所有眾生都曾經是我們的父母，都對我們有恩。因此，我們應當平等對待，不應該執著於「這是我這一方」、「那是另一方」、「這是我的親友」、「那是敵人」等。如果我們執著於自他之分，只會增長內心的貪心和瞋心，從而成為修行的障礙。這就是尊者教導我們「莫執我所」的原因。

11

生已預示死必至，精進無暇定日人。

這則教言告訴我們要精進修行，不要貪著安逸享樂。為什麼要斷除這種貪著呢？因為當我們一出生，就已經收到未來必將死亡的預告。既然死亡無可避免，我們就不應該想：「我要慢慢來，悠閒地過，舒服地翹著腿躺著。」我們不能虛度時光，這樣做毫無意義。

基於這個道理，我們應該修持那些有助於面對死亡的教言。我們要時刻提醒自己：「未來沒有閒暇，現在開始就要精進修行。」就如前面所說的「中為精進之鞭」，我們必須思惟無常，以此激發精進，這是尊者的教言。

12

迷本無根暫現起，觀作者性定日人。

這則教言回答了一個問題：透過修持佛法，是否能夠獲得解脫果位？答案是肯定的。為什麼呢？因為生死輪迴本身就是一種迷妄，這種迷妄現象並無實在的根基，而是如同夢境一般，突然出現、暫時顯現的現象。

而且，造成迷妄的主體（即我們的心識），本質上是空性的，並非真實存在的實體。「觀作者性」指的是，我們應該觀察這個造作迷妄主體的性質，明白它是無自性的。

正是因為迷妄現象本身無實，而且造成迷妄的主體也無自性，所以我們能夠證得究竟果位；只要認清這一點，輪迴的幻相就能消散，痛苦能夠消除，煩惱也能解脫。

所謂「煩惱」，是指依於輪迴的迷妄而暫時生起的現象。它們不是本來就有的，而是因緣和合而生的。正因為煩惱不是本來就有的實體，所以透過修行可以斷除它們。

這就是為什麼教言說：「觀作者性定日人。」這句話是教導定日的人們應當以這樣的方式來觀察。

13

無散勤修正妙法，歿後引道定日人。

這則教言教導我們應當精進修行。我們要專心一意、不被散亂所擾地勤修佛法。這樣做有什麼益處呢？將來死亡來臨時，所修的正法能引導我們走向善道，不會遭遇困難。

一般人常會想：「現在世間的事務繁多，雖然想要修持佛法，卻似乎沒有時間。」其實，只要不被散亂所轉，修行的機會是有的。為什麼呢？舉例來說，由於耶穌基督的恩德，世界上大部分地區在星期天都休假。這個假日正好可以用來修行，如果能把握這一天專心修持佛法，那是非常好的。這樣算來，一個月就有四天的修行時間。許多發達國家週六、週日都放假，一週有兩天，一個月就有八天。某些地區週五下午還有半天假，這些都是精進修法的好時機。在這些時段，我們應當做到「無散勤修正妙法」，不讓心被散亂牽著走。

但如果我們把這些時間花在去河邊釣魚之類的活動，就是被散亂所控制，成為修行的障礙。所以，應當把握時間精進修法。這樣，當死亡來臨、困難現前時，我們的修持就能發揮作用，為我們指引正確的道路。

14

業報因果必真實，遠離罪惡定日人。

這則教言闡明了「深思業因果」的重要性。

如果我們以身、語、意三門累積善業，就會得到善的「異熟果」[註]；同理，如果累積惡業，則會得到惡的果報。每種業都有其確定的、無可避免的異熟果報，因此我們應當遠離一切惡業與不善。

那麼，業的異熟果是如何呈現的呢？佛教經典中將業分為四種：「順現法受業」（今生受報）、「順次生受業」（來世受報）、「順後次受業」（多生後受報），以及「不定受業」（受報時間不定）。

其中，有些業的果報在今生就會顯現。當以強烈的動機造作重大的業時——無論善惡——其異熟果報在今生就會顯現，這稱為「順現法受業」。

註：異熟果指依過去善惡業因，經時間及因緣成熟後所感得的果報。

有些業雖不會在今生成熟，但必定會在來世成熟，這種強大的業力稱為「順次生受業」。

還有些業的力量較弱，既不會在今生成熟，也不會在來世立即成熟，但當因緣聚合時，果報終將顯現，這稱為「順後次受業」。

最後是「不定受業」，這是力量微弱的業。若是惡業，可以透過懺悔而清淨；若是善業，也可能因生起後悔而消失。

如此，只要造作了業因，果報必定會落在自己身上、在自己身上成熟，這是真實不虛的因果法則。正因為這個道理，教言告誡我們：必須遠離一切惡業與不善。

15

已作諸業如夢境，無事專修定日人。

接下來是第15則教言。這則教言告訴我們：當精進修行與處理世間事務兩者相衝突時，應當以修行為重。為什麼呢？因為我們所做的種種工作、付出的種種辛勞，這一切都如夢境一般——過去的已經消逝，無法存留，也不能為我們帶來真正的利益。因此，教言說我們應該「無事專修」，意思是要放下世間瑣事，專心致志地修持佛法，這才是最重要的。

16

何處生貪即斷除，一無所需定日人。

接下來是第16則教言。無論是對外在的物品、自己的身體、財富資產、親戚朋友，或是故鄉土地等，只要對任何一樣生起貪著，都會成為修持佛法的障礙，使我們陷入許多無意義的事物中。因此，對什麼生起貪著，就要捨棄什麼，過度執著任何事物都毫無益處，不如一心精進修法，這才是正確的道路。

17

此世不能永久住，現在備離定日人。

接下來是第17則教言。我們將來都會死亡，在這個世界上只是暫住幾年，不可能永遠住下去，總有一天必須離開。根據佛教的觀點，死後會進入來世。死後先經歷中陰，出現種種中陰景象，然後從中陰投生到來世。來世可能投生善道，也可能投生惡道。

投生善道的因是什麼呢？如果現在積累善根，就能憑此投生善道；如果現在無法積累善根，反而造作惡業、煩惱熾盛，就會投生惡道。正因如此，為了避免我們墮入惡道、得生善道，何時該運用這些方法呢？就是現在。所以說「現在備離定日人」——現在就要做好離世的準備。

在外國地區，佛法才剛開始弘揚。當佛教傳入新的地方，許多人對佛法生起信心，相信來世的存在，認為與來世有關的事極為重要。也有許多人相信前後世、相信業因果。那麼，這些人該怎麼做呢？既然相信業因果，就應該修習善業、盡力斷除惡業，在取捨善惡上精進努力，為來世而修持、實踐佛法。

有時也有人會懷疑：「來世真的存在嗎？我們看不見它，它在哪裡呢？」但是，他們真的能百分之百確定來世不存在嗎？其實，他們並沒有這樣的把握，他們只是在「也許有來世，也許沒有來世」之間搖擺。

即便如此，從現在開始以佛法為來世做準備，仍然是好的。就算對來世沒有堅定的信心，現在就開始做準備，也沒有壞處。假如來世真的存在，我們的準備將帶來極大的利益；假如來世不存在，做了準備也沒什麼損失，放下就是了。但如果來世確實存在，而我們卻毫無準備，那就會陷入極大的困境。因此教言說，要從現在開始為離世做準備，取捨善惡，精進地修持佛法。

18

世事無盡難修法，念起即行定日人。

教言說，這樣的準備工作，必須從現在開始就迅速精進。我們雖然有心修行，卻總是想著：「現在太忙了，還有很多工作，等忙完再修行吧。」這種想法正是修行的障礙。為什麼呢？因為一件事忙完，總會有另一件事接踵而來，如此一來，我們就永遠找不到修行的時機。

因此，當我們生起「現在我必須修持佛法」的念頭時，就應該在念起的當下，立即下定決心、馬上行動。如果想要聽法，就應該立刻去聽，不要再想著：「現在工作太多，暫時沒辦法修行，以後再說吧。」因為這樣想的話，以後也不會有機會的。同樣地，如果想要修行佛法，也必須從現在開始修，不要說：「現在工作繁忙，等將來再修。」因為這樣的將來永遠不會到來。因此，我們必須像頭髮著火般地精進。頭髮著火時，必須立即撲滅，絲毫不能耽擱；同樣地，現在就要開始修行。

原因是什麼呢？幾乎所有的修行教言中都提到一個比喻：我們應該像盲人抓住牛尾巴那樣修行。比喻中說，有個盲人困在一片廣闊的草原上，分不清東南西北，不知道該往哪裡走，也不知道自己的家在何方。正當他茫然無措、分不清楚方向的時候，忽然聽到附近有牛吃草的聲音。他心想：「有牛的地方，一定有牛棚。」於是循聲摸去，抓住了牛尾巴。他想：「這頭牛一定有住的地方，牠會回去的。跟著牛走，我就能找到好的去處。」於是，他緊抓著牛尾巴不放，一路跟隨。最後，託這頭牛的福，他來到了一戶人家，遇到了人，也找到了回家的路。

正如這個比喻所教導的，當我們想起應該修法時，就要立即行動。就像盲人不放開牛尾巴一樣，我們也要緊緊抓住佛法、好好修持。如果能夠做到這一點，必定會有極好的成果。這就是此則教言的深意。

19

林中猴群耽安樂，林緣火圍定日人。

各位進入佛門，尤其是能夠受用佛法——透過聞思來學習佛法，透過修持來實踐佛法，這是非常殊勝的，你們的初發心是正確的。然而，我們凡夫雖然最初發心良善，但實際修行時的動機[註1]，卻可能被煩惱染汙，或變成無記心。因此，在聞思修佛法時，整體上要確保動機清淨，尤其要懷著利益自他的發心。

更重要的是，要發起大乘廣大的菩提心：「為了等同虛空般無量無邊的一切如母有情，我將來要證得佛果。為此，我要精進修持佛法，勤於聞思修。」請大家以這樣清淨的發心來聽聞。

前面我們講解了一般前行的修心法門——主要透過「觀修無常」來策勵自己在法道上精進。今天將延續這個主題。

這19則教言用了一個比喻：森林裡住著一群猴子，牠們耽

註1：（譯註）原文此處使用了「因等起」和「時等起」等佛學術語。為了使內容更容易理解，在翻譯時予以簡化。

溺於安樂的生活，吃著果子、嬉戲玩耍，日子過得無憂無慮。然而，這種安樂的結局並不美好，因為大火已經包圍林緣，牠們無處可逃。這個比喻蘊含著深刻的道理。

「林中猴群」比喻我們這些住在世間的人。我們就像那些猴子，耽溺於安樂、制定宏偉計劃、忙於世俗事務，時而感到快樂，時而經歷痛苦，被這些感受牽著走，忘記了修持佛法。然而，我們生命的終點必然是死亡，無可逃避。

根據噶當派的口訣，一切都不出「四種歸宿」[註2]：「積聚皆銷散，崇高必墮落；合會終別離，有命咸歸死。」沒有什麼能逃脫這些定律，也不存在真正的避風港。面對如此巨大的危險，什麼才是解脫之道呢？

如果有扎實的修行，就不會被苦難壓倒，不受痛苦控制，能夠超越苦難和逆境，逐步邁向解脫與一切智的果位。反之，如果任由自己陷入無意義的散亂，必定會遭遇極大的困苦。因此，教言提醒我們：要善加思惟，清楚認識自己的處境。

註2：（譯註）原文用「等等」（ཞེས་པ་ལ་སོགས་པ་）概括，在此處將四句完整列出以求明晰。「四種歸宿」對應藏文མཐའ་མ་（最終、結局之意）。

20

生老病死河無橋，渡舟備否定日人。

第20則教言教導我們應當如何面對生、老、病、死。我們就像站在一條大河前——這條大河，就是生、老、病、死的洪流，川流不息。我們必須渡過這條河，然而河上沒有橋梁，也沒有能涉水而過的淺灘。如果要渡河，該怎麼辦呢？渡河需要有渡舟，有船就能安然渡過，沒有船就會困難重重，甚至可能會被河水沖走。

如果一開始就知道前方有大河，卻沒有橋、沒有淺灘，自然會想到必須準備船隻。同樣地，我們必須渡過生、老、病、死這四條洪流，該如何準備這艘「渡船」呢？

一般而言，當我們離開此生的身體、前往來世時，都希望能投生善道，不墮惡趣。那麼，究竟什麼能作為我們的渡船呢？

根據中陰教法，有「關閉惡道之門，選擇投生善道」的口訣，也就是說，在中陰階段，要保持心念穩固，虔誠祈請三寶、生起信心。當察覺不好的景象出現，心想：「這個顯現不妙，恐怕要投生惡道了。」這時候，就應該祈請三寶加持，發願選擇善道之門，祈求投生善處。

教法中還說，要運用智慧來觀察投生之道。最殊勝的，是能往生淨土；如果無法達成，至少也要獲得能夠修習正法的人身。如果能先了解這些教法、牢記在心，並實際修持，就等於為渡過生之河流準備好了渡船。同樣地，面對老、病、死的洪流，也要透過修持佛法來準備渡船。

就禪修的角度來說，有許多教法教導如何將死亡、中陰、疾病轉為道用。透過禪定的力量，我們能不被傷害和痛苦壓倒。若能學習並修持這些口訣，必將獲得極大的利益。

不僅如此，為了從生、老、病、死的痛苦中解脫，還可以修持藥師佛儀軌、祈請藥師佛、持誦藥師陀羅尼。藥師佛發過十二大願，誓願成辦一切有情的利益，因此必定能夠帶來加持。

如果遇到重大恐懼或種種危難，祈請至尊度母，也能獲得救護。度母發願救度眾生脫離八難及十六種怖畏[註]，其誓

註：「八難」是指：獅難、象難、火難、蛇難、賊難、鐐難、水難、非人難。「十六種怖畏」則包括八難，以及疑惑、貪欲、慳吝、嫉妒、邪見、瞋恚、愚癡、我慢等八種內在煩惱。

願堅固不移。我們可以觀想度母在前，虔誠地祈請和發願。如果能夠這樣修持度母法門，面對生、老、病、死四大洪流時，就等於備好了渡船。因此，應當好好修習這些法門。

我們可以念誦〈二十一度母禮讚文〉來祈請度母。如果無法做到這一點，有時候持誦度母十字心咒也是可以的。修持的時候，應當觀想至尊度母安住在自己面前；若能將所緣境觀想得更加清晰，則可以進一步觀想二十一度母安住在前方。

有時，我們會心生疑惑：「度母真的在我面前嗎？明明看不見她，卻要觀想她在那裡，這不是在欺騙自己嗎？這樣做有什麼意義呢？」其實，不是這樣的。我們現在的肉眼只能看見世間的種種顯現，當然無法親見至尊度母。然而，度母的智慧心卻能如實觀照著我們。因此，當我們虔誠祈請、發願時，必定能夠成就所願。

正因為如此，我們應當觀想至尊度母就安住在面前，然後根據自己的能力和時間，念誦〈二十一度母禮讚文〉或持誦十字心咒，並且虔誠地祈請、發願。

接下來，第二個觀想的所緣境是：觀想至尊度母的右手，原本結與願印，現在轉為施無畏印，安放在我們的頭頂上。透過這樣的觀想，我們應當生起信心，想著：「我已經得到度母的加持，從此不必再畏懼恐怖、痛苦、疾病和死亡等一切苦難。」以這樣的所緣境，虔誠地向度母祈請、發願。

第三個所緣境是：再次向至尊度母祈請。觀想安住在面前的度母，以智慧心觀照著我們，了知我們的祈願之後，從她的身體流出甘露。這股甘露從我們的頭頂注入，充滿全身。透過這樣的觀想，我們應當生起信心，深信自己已經獲得了度母圓滿無餘的加持。

第四個所緣境是：無論前方所觀想的是二十一位度母，還是一尊度母，都觀想度母化為光明，融入自身，自己的身體轉化為至尊度母的身體。這時要了解「顯而無自性」——雖然有所顯現，但本質上是自性不成立的空性。觀想自己已經化為這樣的身體。

如此觀修度母的身相，「暫時」能救護我們遠離恐懼和痛苦，「究竟」則能救度我們脫離死亡和惡道的苦難。

如果能夠這樣修持，那就再好不過了。這裡所教導的，就是要在解脫生、老、病、死這四種痛苦的方法上，精進努力。

21

生死中陰關隘險，五毒惑匪定埋伏，尋師護導定日人。

接下來是第21則教言，說明從生、死、中陰三者中解脫的方法極為重要。教言中說，如果能對此善加思惟，並精進修持，將具有極大的利益。

生、死、中陰這三個階段，就像是險峻的關隘。一般來說，在這種狹窄難行的地方，很可能會遇到盜賊和搶匪。那麼，這些盜賊和搶匪是指什麼呢？它們就是五毒的盜匪，正埋伏等待著我們。在這種危險的時候，我們需要一位能護送我們安然通過的嚮導，而我們需要的嚮導，就是上師，因此教言說「尋師護導定日人」。

那麼，煩惱五毒的盜匪是如何埋伏等待的呢？根據中陰口訣所說，在「臨終中陰」階段，當我們臨終時會對今生的事物產生執著，因為這種執著，可能對他人生起瞋恨，對自己的死亡生起恐懼，而這些都會帶來強烈的感受。這些強烈的感受會生起暫時的痛苦，而這種暫時的痛苦，會障礙我們未來投生善道。

一般來說，就我們未來的道路而言，應當獲得善的投生，最好是能夠往生淨土，即使不能前往淨土，能獲得具有正法的清淨人身也極為重要。我們對未來的規劃，應該立下這樣的目標。那麼，是誰在中間製造障礙呢？正是煩惱。

而且，臨終時所生起的念頭可能會變得惡劣，有時生起貪欲，有時生起瞋恨，有時生起嫉妒，有時生起恐懼和痛苦等等。這些會讓我們看不清往生來世的善道。因此，我們必須努力，不要落入這樣的狀態。

那麼，這些口訣中說了什麼呢？在那樣的時刻，我們要警惕是否會生起恐懼等情緒，同時也要提防煩惱的生起。對我們未來的道路而言，不墮入惡道，能投生善道，是極為重要的。

那麼，為此我們應該怎麼做呢？要隨念佛、隨念法、隨念僧、隨念本尊。憶念這些並虔誠地祈請、發願，讓心平靜下來。即使生起恐懼也要拋開，即使生起痛苦也要拋開，即使生起煩惱也要拋開。要生起善念、慈心和悲心等等。經典中宣說了許多將這些轉為道用的方法。

其中，依靠修心口訣將死亡轉為道用，是讓一切眾生免於經歷死亡痛苦的善巧方法。因此，在臨終時要能夠修持施受法——觀想：「願他人的痛苦都成熟在我身上。」

這是極為善良的發心，因此，這種善的習氣會延續到中陰。從中陰再延續下去，這種善的習氣會帶到來世。帶到來世之後，將使我們獲得具足正法的人身愈來愈殊勝。所以，依靠修心口訣將死亡轉為道用的臨終口訣，極其重要。

同樣地，透過隨念佛、隨念法、隨念僧等中陰口訣，能對投生中陰的迷亂顯現運用有益的方法。在中陰時，不能讓煩惱生起，不能落入煩惱盜匪的控制中。為了不落入它們的掌控，正如教言所說「尋師護導定日人」——我們應當尋找上師、依止上師、請求傳授口訣、實踐修持。

同樣地，現今有許多臨終關懷的組織。加入這些組織，幫助臨終者，盡力運用各種方法讓他們沒有痛苦、得到安樂，這些都是很好的典範。

有人會問：「對於已經進入佛門的人，臨終時該如何幫助他們？對於沒有進入佛門的人，又該如何幫助他們呢？」

關於這個問題，我是這樣想的：如果是已經進入佛門的人，我們應該用符合佛法的方式來幫助他們——透過隨念佛、法、僧，隨念定、隨念本尊等方法，讓他們在臨終斷氣時沒有痛苦，中陰時也沒有痛苦，來世不墮惡道，而能投生善處。對於不了解佛法或未入佛門的人，如同這裡所說，五毒煩惱的盜匪正在埋伏著，因此，要讓他們不落入五毒煩惱的控制，心能夠稍微放鬆，能夠好好思考自己未來的道路，以善心離世。如果能做到這樣，這種善的習氣就會在中陰階段顯現。

如果在中陰階段能夠生起善念，這種善的習氣就會帶到來世，讓我們的情況逐漸變得更好。因此，在臨終的時候，不讓心落入煩惱的控制，能夠生起善念，這是極為重要的。

22

上師真實皈依處，頂戴不離定日人。

接下來是第22則教言。這則教言告訴我們，應當以信心和恭敬心向上師祈請，並且要生起虔誠心。

那麼，什麼樣的上師才是真實無欺的皈依處呢？大手印的教法提到上師有四種類型：「善逝言教的上師」、「勝義法性的上師」、「顯現表徵的上師」，以及「補特伽羅傳承的上師」。

其中「善逝言教的上師」，是指佛世尊親口宣說的教言，以及後來印度的成就者和班智達們所傳的口訣與論典，還有出現在雪域藏地的殊勝大德們所開示的教法。他們賜予我們許多殊勝的教言，能使我們解脫痛苦、獲得安樂，並且在輪迴未空之前，持續利益一切有情。

就當今（2009年）的情況而言，這些教言的流傳已經有很大的改變。回想我在1979至1981年間初次來到北美時，這些教言幾乎沒有譯成英文或其他語言。當時在北美，佛教教言本就不多，尤其是祕密金剛乘的教言，更是近乎絕跡。

此後許多殊勝的大德陸續蒞臨，他們以大慈悲心關懷眾生，弟子們也對佛法生起了極大的信心，於是有些人開始從事翻譯工作。如今，許多不可思議的殊勝教言已經被翻譯並且出版，讓我們得以自由閱讀、研習，這真是莫大的福報。

這些教言具有殊勝的加持力——這些都是由善逝言教的上師所宣說——我們應當好好地閱讀、研習並且實修。

一般來說，國外有各種各樣的書籍，那些書不一定需要我們恭敬或供養。然而，佛法書籍與其他書籍不同，佛法書籍含有殊勝的教言，能夠讓自他無數有情從輪迴苦海中解脫出來，安置於解脫和一切智的果位。因此，我們不應該輕視佛法書籍，應該認識到它們是殊勝的、珍貴的，並對其生起信心和恭敬心，不要將它們墊在底下或從上方跨越。若是能夠對所有佛法書籍都生起恭敬心，並且加以珍視，那是極好的。

第二種類型是「勝義法性的上師」。無論我們修持本尊也好、修習止的禪定也好、修習觀的禪定也好，依於這些修持確實能夠獲得成果，為此，殊勝的大德們宣說了許多不同的教授，無論是修心的口訣、前行的教授、正行的教授，或是不同形相的本尊——寂靜相、忿怒相，以及修持父尊相、母尊相等等，各種各樣都有宣說。因為實修這些能夠證得究竟果位，所以稱為「勝義法性的上師」。

第三種類型是「顯相表徵的上師」。如密勒日巴尊者所說：「情器世間為經典，墨字經書未曾閱。」既然以情器世間作為經典，那麼關於佛法教授中的無常以及法的重要性等，不需要上師講解，也不需要閱讀經典，只要觀察這個輪迴世間的情況，就能夠了悟和了知。

比如無常，現在看電視，CNN、BBC在報導什麼呢？某地發生戰爭，極其困苦；某地發生火災，極其困苦；某地海平面上升，造成極大困苦；某地發生地震，極其困苦。這一切都在顯示無常和痛苦。

那麼，要從無常和痛苦中解脫的方法是什麼？就是修持佛法、向三寶祈請、發願等等。由於這些現象提醒我們要這樣做，所以稱為「顯現表徵的上師」。

第四種類型「補特伽羅傳承的上師」，是指從佛世尊以來，佛法傳承相續不斷出現的殊勝傳承。比如噶舉派，從法身金剛持、帝洛巴、那洛巴，直到我們的根本上師——第十七世大寶法王噶瑪巴鄔金欽列多傑，這一條相續出現、延續至今的上師，稱為「補特伽羅傳承的上師」。這「補特伽羅傳承的上師」也是我們祈請的殊勝對境。

此外，關於上師善知識的分類，《大寶解脫莊嚴論》中說有四種，即：圓滿報身善知識、佛陀化身善知識、登地菩薩善知識、凡夫善知識。

在這四種當中，對我們來說最重要的是哪一種呢？是「凡夫善知識」。為什麼呢？圓滿報身善知識、佛陀化身善知識和登地菩薩善知識，我們因為業力和福分微薄而無法親見；我們能見到的是凡夫善知識。因此，向凡夫善知識請求教授、聽聞佛法口訣、遵從他們的教誨、對他們有信心、恭敬他們，這是最重要的。所以說，每個人向自己的上師請求教授是極為重要的。

以現今的噶瑪大乘深明苑[註]為例，我們有喇嘛札西敦珠常

註：噶瑪大乘深明苑（Karma Tekchen Zabsal Ling）是位於加拿大安大略省奧羅拉的佛教中心，隸屬於加拿大多倫多創古中心。

住在此。得遇如此殊勝的上師，這是非常難得的福報。遇到了這麼殊勝的上師，就應該好好聽聞他的教授，如實修持，並對上師生起信心和恭敬。為什麼呢？因為上師能夠賜予我們教法。

一般來說，噶瑪岡倉的實修傳承中，主要修持甚深道那洛六法和解脫道大手印。修持時依照以下次第：首先修持共同與不共前行，接著是修心口訣，然後是本尊的生起次第和圓滿次第。在圓滿次第階段，會交替修持大手印和那洛六法。這些都需要按次第循序漸進地修持。

進行這些修持時，藏地的傳統是在同一張坐墊上完成三年三個月的閉關修持。然而，考慮到現今的時代和環境，如果要在同一張坐墊上閉關三年，有時會對個人的生活造成妨礙。在這種情況下，有些人可能會覺得無法進行修持。

如果真的做不到，上師就說：「這是你們自己的問題，我也沒辦法。」這就等於上師沒有將他們當作弟子。那該怎麼辦呢？循序漸進地修持——這極為重要且利益很大，既不會妨礙個人的生活狀況，也能圓滿佛法的修持。如果能夠一次性完成這樣的修持，那是最好的。即使無法一次性完成，而是循序漸進地修持，將來若有福緣完成三年三個月的修持，那也非常好。然而，並非所有人都具備這樣的福緣。如果說沒有這種福緣的人就沒有修法的機會，那就像上師不把他們當弟子、沒有慈悲心一樣。

另外，上師攝受弟子後，不能隨意傳法，而是要教授符合弟子根器的法門。你們現在的修持方式和依止上師的方式都非常好。帕當巴桑傑也說：「上師是真實無欺的皈依處。」上師所傳授的法不會欺騙我們，所以要好好珍惜。

23

皈依上師達所願，生起敬信定日人。

接下來是第23則教言。上師傳授口訣之後，如果我自己實修，就能到達自己想去的地方。到達那裡的方法是什麼呢？就是要對上師所說的，生起恭敬和信心。

很多人會有這樣的疑惑：「所有口訣都說『上師如佛』或『上師勝於佛』。然而，我看不到上師像佛一樣，我看到上師有缺點。那麼，看到缺點時，是不是該想成沒有缺點呢？」還有人說：「我看不到上師有如佛一樣的功德。即使沒有如佛的功德，是不是也該想成有呢？」

然而，我們並不是因為上師完全沒有缺點、具足一切功德而依止。依止上師的原因是什麼呢？是因為上師賜予殊勝的教言而依止。這樣的教言從何而來？來自佛陀世尊，來自法身金剛持。

實修上師所說的教言，我們就能從痛苦中解脫、獲得安樂。因此說「達所願」，到達想去的地方。所以，弟子要有恭敬、信心和信任。我們要明白：如果自己不去實修這個法，就得不到利益；如果實修這個法，就一定能夠獲得成果。

對上師生起信心和恭敬時，不需要想「上師不是血肉之軀」，也不需要想像「上師是光蘊身」之類的。不需要透過這樣的想法來生起信心和恭敬。上師跟一般人的狀況一樣：身體會生病，心會有苦，吃了會飽，不吃會餓。不要有「上師不會餓」之類的想像。

上師賜予我們教言，而上師的教言來自佛陀和法身金剛持，因此，依靠這些教言能夠從輪迴中解脫，這是毫無疑問的。所以，我們要生起這樣的信心和信任：如果我能實修，上師的教言必定能讓我從輪迴中解脫。

24

有財必有慳吝心，無偏布施定日人。

接下來是第24則教言。有財富的人往往會有吝嗇心，因此要無偏地布施——仔細看看哪裡需要幫助，然後以善心去布施，這非常重要。我們擁有財富就是要使用它，不是用來利益他人，就是用來利益自己。所以說，能做到無偏布施是很好的。

25

有權必有罪惡隨，十指捫心定日人。

接下來是第25則教言。有權力就會有造作惡業的危險，因為運用權力時，有時會造作惡業。那麼，什麼是惡業呢？龍樹菩薩說：「貪瞋癡及彼，所生業不善。」[註]以貪欲心做事、以瞋恨心做事、以愚癡心做事，就稱為惡業、不善業。

因此，我們要將十指合攏，放在胸前，好好檢視自己做得是否恰當。如果確實做得恰當，那是非常有福報的；如果做得不恰當，就要下定決心將來不再這樣做，一定要謹慎地思考。

許多人有時會生起瞋恨心，所以常有人來問我：「要怎麼做才能不生氣？」想給他們一些建議時，我會提到教言中有「將煩惱轉為道用」這個方法。不過，這需要有良好的禪定才能做到。如果禪定功夫還不夠穩固，就無法將煩

註：此頌出自龍樹菩薩《中觀寶鬘論》第一品第二十頌，仁光法師譯本。真諦法師譯本《寶行王正論》中未見此頌。

惱轉為道用。如果還不到將煩惱轉為道用，我們該怎麼辦呢？我們需要的是能夠壓制煩惱的方法。

那麼，要怎麼壓制煩惱呢？早上起床時，應該這樣提醒自己：「我有時會生起強烈的煩惱，比如瞋恨等等。這些會傷害自己，也會傷害他人。我知道這樣不好，但有時還是會被煩惱控制。因此，我要立下誓願：不被煩惱控制，保持正念和正知。」

晚上睡覺前，要檢視早上立下不讓煩惱生起的誓言，反省做得如何。如果守住了誓言，就想：「今天我如願做到了，真好。即使遇到會引發瞋恨等煩惱的因緣，也能以對治法阻止煩惱生起，真是太好了。」

如果被煩惱控制了，就想：「唉，今天沒做好。從明天開始，我一定要做到。」第二天早上再立誓，晚上再檢視。如果能每天持續這樣做，會很有幫助。

我們是凡夫，可能做了一兩天就違背誓言，有時甚至很多天都沒有做到。但不要因此而氣餒，覺得自己做不到而失去信心。要一再地、每天堅持地按照前面說的方法，小心謹慎、保持正念和正知。這樣煩惱就會逐漸減少，最終能夠壓制煩惱。我會建議大家這樣做。

同樣地，在這裡帕當巴桑傑也說：「十指捫心」——把雙手放在胸前，檢視自己做得好不好。

26

人間世界無親友，心當託法定日人。

接下來是第26則教言。為什麼說「人間沒有親友」呢？一般來說，世間人都有親戚朋友。然而，凡夫眾生的特性如寂天菩薩所說：「凡夫除了一心想著自己的利益，很少有人會為他人著想。」[註]因此說，世間沒有真正可靠的親友。

什麼樣的人才算是親友呢？應該是能夠為他人著想而利益我們的人。如果不是這樣，而是「他做他的事、我做我的事」，兩個人只顧自己的利益，即使在一起，也不太會有朋友的感覺。因此，對親友過度執著，沒有太大的意義。

那麼，我們應該將心託付於何者呢？要將心託付於佛法。不僅是勸導他人修持佛法，自己也要修持佛法。這樣做，既是利益自己，也是在利益他人。因此說「心當託法定日人」。

註：寂天菩薩在《入菩薩行論》第一品〈菩提心利益〉中說：「是父抑或母，誰具此心耶？是仙或欲天，梵天有此耶？彼等為自利，尚且未夢及，況為他有情，生此饒益心？」如石法師譯。

27

散漫虛度暇滿身，立即決斷定日人。

接下來是第27則教言。現在我們已經獲得了修持佛法的圓滿人身，得到了這麼好的機會，如果能藉此成就自己的利益，那是非常有福報的。但如果無法成就自利，反而被散亂控制，這個珍貴的機會就會白白流失；最終，這暇滿人身也會在散漫中虛耗殆盡。

不要讓這個人身白白浪費是非常重要的。我們必須立刻下定決心：「從現在起，我要修法、我要實修、我要壓制煩惱、我要斷除惡業。」用這樣的心態來努力止惡行善是很重要的。所以說：「請這樣做吧，定日人。」

28

散亂之時死魔至，立即修行定日人。

帕當巴桑傑的這些教言，主要是為了激勵我們精進修持佛法。因此，重點在於要能精進修法、對治懈怠。

懈怠是怎麼產生的呢？它源於執著恆常的觀念。人們總認為自己會活得很久，因而貪戀執著世間的事務，讓心不斷地散亂。這會有什麼過患呢？心一旦散亂了，就無法修持佛法；如果無常突然來臨，就會面臨極大的危險。所以，為了激勵大家修法，尊者多次開示無常的道理。這裡的內容都是關於無常和勸修佛法，用詞淺顯易懂。

第28則教言說「散亂之時死魔至」，意思是如果我們被散亂控制了，貪戀執著今生的飲食、財富、親友、土地、房屋等等，在還沒有任何修法機會的時候，死魔可能就突然來臨了。

一般來說，我們對佛法有信心，也想要修法，也知道死亡和無常會到來。不只這樣，我們還知道佛法能帶來利益。

然而，即便如此，還是可能因為散亂和懈怠而不修行，最後被死魔這個惡緣抓住。

因此，為了激勵大家不要拖延懈怠，現在就開始修行，尊者說「立即修行定日人」，這就是第28則教言。

29

死魔來時無定期，立即準備定日人。

接下來是第29則教言。之所以稱死亡為「死魔」，是因為死亡就像魔鬼一樣，是令人恐懼的對象。

如果「死魔」到來的時間是確定的，我們或許會想：「先讓我散亂一會兒，享受五欲，再來修法。」但是死魔——也就是死亡無常——什麼時候會到來，根本無法確定。可能幾年後來，可能很久以後來，也可能現在就來，完全無法確定。如果現在不來還好，要是突然來臨，我們還沒修法就死了，那這一世好不容易得到的暇滿人身就白白浪費了，來世的美好也可能毀了。

因此，不要安逸度日，要先讓自己準備好。如果能想著：「我已經準備好了，沒有什麼過失，我要走的路是光明的。」這樣今生就能安心，來世的計畫也能圓滿實現。所以說「立即準備」——能從現在就開始做是最好的。這就是這則教言的含義。

30

死時無人能救護，自度自脫定日人。

接下來是第30則教言。「死時無人能救護」的意思是，即使擁有無比豐厚的財富，也無法抵擋死亡；同樣地，即使擁有強大的權勢和威武的軍隊，當致命的疾病來襲時，也無法逃脫。世間的權勢、財富、地位等等，在面對死亡時都無法提供我們任何保護。

那麼，誰能救護我們呢？只有自己能度脫自己。要如何自度呢？要修持佛法，讓自己預作準備。最好的情況是能夠自在地面對死亡，心想：「我已經沒什麼可擔心的了。」即使做不到這樣，只要想著：「我有精進修法，不需要害怕痛苦，也不用擔心來世墮入惡道。」能生起這樣的勇氣就好。至少也要想：「我有努力修法，這個果報不會白費。」如果有這樣的信心，果報就不會白白浪費，也能度脫自己。

因此，即使我們無法勇猛地精進修法，只要多努力一點，能夠想著：「我確實有修行，這個果報不會白費，一定會利益到我。」如果能有這樣的想法，就達到「自度自脫」了。這就是「自度自脫定日人」的意思。

31

如日西沉影漸長，死魔不停步步近，
速速逃離定日人。

接下來是第31則教言。就像傍晚時分太陽西下，影子會愈拉愈長，緩緩延伸，不會停留在原處。同樣地，死魔——也就是死亡無常——也正一步步地向我們逼近。

「速速逃離」是指要尋找從死魔中解脫的方法，最好是能找到從輪迴和惡道中解脫的方法。就暫時的利益來說，我們可以祈請怙主無量壽佛和白度母，或是修持無量壽佛和白度母的自生本尊法，持誦他們的心咒等等。

雖然這些修持不能讓我們永遠逃離死魔，但有助於避免違緣、障礙和橫死等情況。因此，「速速逃離定日人」這句教言是說：如果能及早做好準備，那是最好的。

32

去年花好今年枯，莫依此身定日人。

接下來是第32則教言。花朵去年還是色彩繽紛、美麗動人，但幾個月後就枯萎了。同樣地，即使我們的身體現在健康、美好、充滿力量和活力，但「莫依此身定日人」——當疾病和死緣來臨時，這個身體一點都不可靠。所以，為了不讓身體受苦，我們要趕快精進修法。

就暫時的利益來說，為了避免疾病和痛苦，可以祈請藥師佛等。這樣做能讓身體免於痛苦；即使生病了，也能藉由醫藥等方法快速康復；如果無病，也能長久保持健康。因此，持誦藥師佛心咒、向藥師佛祈請，不只意義重大，還能帶來立即的幫助。從長遠來看，如果能真正修持佛法，所獲得的利益就更大了。

此外，為了暫時增長壽命和福德，放生等善行也能累積廣大的功德和利益。為什麼呢？就像我們都很怕死，魚類、昆蟲等眾生也同樣珍惜自己的生命，然而牠們卻身不由己地落入網中，面臨死亡——有些被活活煮死，有些當場被殺。

身體的病痛和內心的折磨會帶來各種難以忍受的痛苦，令人憂鬱沮喪。如果能放生，可以累積不可思議的福德，更重要的是，這不只是暫時救護了生命，還能運用過去聖者和菩薩們教授的各種方便法門，透過「見解脫」、「聞解脫」、「憶解脫」、「嚐解脫」等方法，為被放生的動物帶來極大的利益。

所謂「見解脫」是指：我們沒辦法叫魚、蟲、動物去修法、持咒、禪修或誦經，因為牠們做不到。但是，如果讓牠們見到佛陀或本尊的聖像，就能為牠們帶來很大的利益。為什麼呢？因為這些眾生平常沒有這樣的機會。雖然這不能讓牠們馬上解脫，但是透過見到聖像，種子和習氣就會留在牠們心中。慢慢地，這些種子和習氣會成長，為牠們創造未來終結輪迴的契機。

「嚐解脫」是指：只要讓牠們嚐到一點甘露法藥、七生丸等，憑藉這些加持物的法力，就能種下佛法的種子、留下好的習氣，為牠們帶來很大的利益。

「覺受解脫」[註] 是指：只要讓眾生稍微接觸到法衣，或聞

註：（譯註）此處藏文「ཚོར་གྲོལ་」意指透過感官接觸而種下解脫種子，包括觸覺和嗅覺等。

到有特殊加持的熏香，就能在心中留下一點善的習氣。即使只是一點點善習氣，也能成為未來終結輪迴的因。所以，放生對眾生有很大的利益，我們自己也能因此獲得廣大的福德。有了這些福德，就能長壽、健康、財富增長等，今生得到安樂。如果能在安樂時修法，就能獲得究竟的成果。

因此，教言說身體不可靠，不要貪戀執著身體，要趕快精進修法。

33

生時雖似天子貌，死時更甚魔軍怖，幻身欺惑定日人。

接下來是第33則教言。如果我們執著珍愛這個身體，能得到什麼大利益嗎？不能。反而有一天，它可能成為我們的過患。活著的時候，我們的身體看似很美好，但死後就是一具屍體，被視為可怕的東西。所以，這個身體沒有什麼大意義，反而會欺騙我們。

要怎麼做才能不被它欺騙呢？正如經論中所說：「應驅吾人身，使之做善業。」[註1] 如果善用此身行善，既能利益自己，也能利益他人。就像我們的導師——圓滿正等覺的佛陀，他證得無上正覺後轉法輪，引導無數眾生獲得解脫，安置他們於一切智的果位。此外，許多殊勝的大成就者也透過宣說佛法利益了無數眾生，自己也從輪迴苦海中解脫，成就了廣大的事業。

他們是依靠什麼成就一切呢？他們善用自己的身體——有

註1：出自岡波巴《大寶解脫莊嚴論》，張澄基譯。

時布施、有時持戒、有時修忍辱，如此精進地修持六度等一切善根，透過實修密法而獲得成就。所以，善用此身就能得到好的結果。

正如寂天菩薩所說：「依此人身筏，能渡大苦海；此筏難復得，愚者勿貪眠。」[註2] 我們現在就像站在水邊，處在輪迴之流和苦海邊上，要渡過苦海到達彼岸，需要用什麼方法呢？需要一艘船。偈頌說這艘船是什麼？就是我們的人身，如果能善加利用它，就能脫離輪迴。所以，我們要像使用船筏一樣，善用這個身體。

如果現在善用自己的身體，就會得到好的果報。相反地，如果執著這個幻化之身而不用來修法，明天就會被它欺騙。因此，應當要善用此身。

註2：出自寂天菩薩《入菩薩行論》第七品〈精進〉，如石法師譯。

34

商客交易畢即散，友伴必離定日人。

一般來說，對親朋好友有所執著並沒有太大的問題。有慈悲心是好的，照顧親友也是好的；但如果執著太深，妨礙了修法，對自己和他人都是損失。

所以，我們不要妨礙別人修法，也要努力避免別人妨礙我們修法。比如，我們現在雖然聚在一起，但能永遠在一起嗎？能在一起百年、千年、萬年嗎？不可能的。我們做不到，別人也做不到。

就像市集的商客，可能會在一起幾天、幾個星期或幾個月，但各自的事情辦完之後，就會回到各自的地方。同樣地，如果我們能好好完成各自的事情，那是最好的。但如果只是因為執著而在一起，並沒有什麼幫助。為什麼呢？正如「友伴必離定日人」這句教言所說的，我們總有必須離開的時候，他們也有必須離開的時候。

那該怎麼辦呢？如果大家都能具足正法、如理思惟、好好修行，這樣才有幫助。否則，只是因為執著而在一起，沒有什麼益處。這就是這則教言的意思。

35

幻化石堆必崩塌，速修不離定日人。

「幻化石堆」是指我們這個身體沒有什麼實質的意義，就像用石頭堆起來的石堆，即使好好保養，最後還是會崩塌。所以，我們要利用這個身體做有長遠利益的事。

什麼是有長遠利益的事呢？就是好好修持正法。如果能修到最高的境界，那當然最好；就算做不到，稍微修一點正法也有很大的利益。哪怕只是在心中種下解脫的種子，將來也能終結輪迴，意義重大。

所以教言說「速修不離定日人」——要趕快修持，不要離開正法。

36

心鷲終將展翅飛，立即飛越定日人。

接下來是第36則教言。我們有身體和心，兩者現在是怎麼運作的呢？心暫時住在身體裡，執著身體為「我」。但是心能永遠把身體當作「我」嗎？不可能。

心就像一隻鷲鳥，會在巢裡待一段時間，但是終究會飛走。同樣地，我們的心也只是暫時住在身體裡，總有一天必定會離開。既然心必定要飛走，就需要為它準備一個確定的去處。所以說「立即飛越定日人」——要讓心準備好飛翔，現在就要趕快為它準備一個好的去處。

一般來說，修持正法本就對臨終有幫助，不過，針對身心分離的時刻，有什麼特別的方法嗎？對此，大成就者們、諸佛菩薩都賜予了許多專門的教言。

比如，有些人想要往生淨土，他們能夠如願嗎？可以的。為什麼呢？因為阿彌陀佛的廣大願力，只要能夠成就「往生極樂淨土的四因」，就能如願往生極樂世界。有些淨土只有登地菩薩能去，而極樂世界是因為阿彌陀佛的大願所成，凡夫們只要成就了往生淨土的四因，也能往生。因此，修持往生極樂淨土的四因，非常重要。

那麼，往生極樂淨土的四因是什麼呢？一、憶念極樂淨土；二、積聚福德資糧；三、發殊勝菩提心；四、發願往生極樂淨土。

第一個因「憶念極樂淨土」，就是時時刻刻憶念極樂世界。要反覆憶念極樂世界，想著那裡有阿彌陀佛、觀世音菩薩、大勢至菩薩等許多菩薩。我們有時會念「哎瑪霍！稀有佛陀無量光」等往生淨土願文，為什麼要念這些呢？就是為了憶念極樂淨土，發願往生，也可以觀想自己已經到了淨土。這就是往生極樂的第一個因。

第二個因是「積聚福德資糧」。要用各種方法來積福，比如：身體頂禮、口中持咒、心裡修定、修慈悲心和菩提心、上供三寶、下施窮苦等等。透過身、語、意和財物，有很多殊勝的方法可以積福。日常修持中，可以透過七支供養積聚資糧：頂禮、供養、懺悔、隨喜一切善根、請轉法輪、請佛菩薩不入涅槃、迴向善根利益眾生。這樣以七支供養積福，就是第二個因。

第三個因是「發殊勝菩提心」。就是要想著：「如虛空般無邊的如母眾生都在受苦，他們不知苦是苦，反而把苦當成樂，被懈怠和煩惱所控制。如果我能夠利益他們，該有多好！我一定要利益這些眾生。」這就是發殊勝菩提心。

往生極樂淨土的第四個因，是以「發願來確立往生極樂世界」。不管是自己或他人積聚的善根，都要迴向發願，祈願自他都能往生淨土。

這四個往生極樂的因，對於我們來說可能有些困難，但也可能很容易做到。無論如何，我們都要努力成就這四因。「立即飛越定日人」的意思是，現在就要開始準備。如果能做到，我們的心——這隻「心鷲」——就一定能夠飛到好的地方。

37

於恩父母六道眾，應修慈悲定日人。

接下來是第37則教言。一般來說，我們需要自己和所有眾生都能從痛苦中解脫。如果從小範圍來看，首先想的是自己要從輪迴苦海中解脫。這樣的想法沒有什麼不對，但是這種動機太狹隘了，只想到自己一個人。從大乘的修行來看，這樣是不夠的。

為什麼呢？因為我們有許多恩德深重的父母，他們都非常疼愛我們，對我們有極大的恩德。如果只想到自己，不思如何報恩，雖然勉強說得過去，但某方面來說有點像是沒有羞恥心的人了。所以，我們應該對如虛空般無邊的如母有情，修持慈心和悲心。

透過慈心和悲心，能讓想要快樂的眾生得到快樂，讓想要離苦的眾生離開痛苦，這是最好的。即使現在做不到讓他們離苦得樂，只要我們有善心、好的動機和決心，就算現在幫不上忙，將來也會有機會幫助到他們。所以修持大乘佛法時需要什麼呢？需要先培養自己的慈心和悲心。

那麼，要對誰修慈悲心呢？要對六道一切如母有情修慈悲心。為什麼要對他們修慈悲心？因為從無始以來到現在，他們疼愛我們、照顧我們，對我們有極大的恩德，所以要對他們修慈心和悲心。

這樣修持慈悲心，自己能夠積聚廣大的福德資糧，也能廣大地利益他人。所以說「應修慈悲」，一定要修慈悲心。

修持慈悲心的對象，一般來說，只對與自己有關係的人作修持也可以，但無偏地修持會更好。所以說「於恩父母六道眾」——要對六道一切眾生修持慈悲心。

佛法口訣中，為了培養慈悲心，要修四無量心。四無量心是什麼呢？就是慈無量心、悲無量心、喜無量心、捨無量心。

我們念誦時，通常先念「願一切眾生具足安樂及安樂因」，這是先修慈無量心，然後依次修悲、喜、捨。但是，巴楚仁波切在《普賢上師言教》裡說，修四無量心要先修捨無量心。

為什麼要先修捨無量心呢？因為一開始就修慈悲的話，會有偏心。為了避免這種情況，要先做到對親人不執著、對仇敵不瞋恨，好好地修持平等捨。有了平等心的基礎，再修希望他人得到快樂的慈心、希望他人離開痛苦的悲心，這樣的次第修持會更好。所以要先修捨無量心，再依次修慈心、悲心和喜心。

38

怨敵皆是業幻相，斷除瞋毒定日人。

接下來是第38則教言。慈悲心的對立面是什麼？就是瞋恨、嫉妒等煩惱。這裡說明為什麼要斷除瞋心和害心。

一般來說，我們偶爾會遇到傷害我們的敵人——懷有瞋恨的仇敵，以及製造障礙的魔障等。然而，我們不需要過分在意，因為這些都是幻相，是由於業力的牽引而顯現出傷害我們的境相。既然這是源於往昔的業力，我們就應當修持安忍。正因為他們是修持安忍的對境，我們得以藉此積累善業，圓滿福德資糧。經典中說：「在圓滿福德資糧的各種法門中，沒有比安忍更為殊勝的苦行。」[註1]。

因此，敵人反而成為修持安忍的最勝所依，而這樣的修安忍對境實在難得。舉例來說，布施的對象——乞丐——在世間很多，就如偈頌所說的「世間乞者眾」[註2]；但是，修

註1：出自《入菩薩行論》第六品〈安忍〉，原文偈頌為：「罪惡莫過瞋，難行莫勝忍；故應以眾理，努力修安忍。」如石法師譯。

註2：出自《入菩薩行論》第六品〈安忍〉，原文偈頌為：「世間乞者眾，忍緣敵害稀，若不外植怨，必無為害者。」如石法師譯。

習安忍的對境——傷害我們的敵人——卻很稀少。通常是我們先傷害別人，別人才會來報復。如果我們精進修持正法，也沒有傷害他人，那麼他人無故來傷害我們的情況是很少有的。既然很少有這種情況，修習安忍的對境也就很少出現。

因此，現在能夠遇到修持安忍的對境，實在是非常難得，他們就像是我們修行正法的助緣，所以，對於如同業力幻相般的怨敵，我們不應該生起瞋心，而是要捨棄瞋恨毒心，好好修習安忍。

那麼，斷除瞋心和修習安忍的方法是什麼呢？其實，只要能透澈理解其中的道理，自然就能修習。這些道理在哪裡可以找到呢？在論典方面，寂天菩薩所寫的《入菩薩行論》第六品〈安忍〉中有詳細的開示。現在這部論典已經有中文譯本和英文譯本，裡面清楚說明修習安忍的方法、對境以及功德。如果能研讀這部論著，就會生起確信：「原來安忍是這樣修習的，確實具有重要的意義與殊勝的功德！」因此，研讀這部論典必定受益良多。

39

持誦皈依淨語障，斷除閒談定日人。

接下來是第39則教言。一般來說，我們修持密咒金剛乘法，口誦咒語的同時，心也要修習禪定，這兩者應該同時進行。持誦咒語對於淨除語業障極為重要，因此應當精進持誦本尊陀羅尼咒。同樣地，也要精進修持皈依。

皈依分為「四皈依」和「六皈依」。

一般身為佛教徒，我們皈依三寶——以佛陀為導師而「皈依佛」，以正法為道路而「皈依法」，以僧伽為道友而「皈依僧」。而金剛乘獨特的「四皈依」，則是在三寶的基礎上，特別加上「皈依上師」，也就是：皈依上師、皈依佛、皈依法、皈依僧。為什麼要加上皈依上師呢？雖然皈依的對境原本是三寶，但是我們能獲得正法口訣，都是仰賴自己的根本上師和傳承諸上師，承蒙他們的恩德和加持，所以在三寶之上，還需要皈依上師。這就是「四皈依」。

至於「六皈依」，則是在共同皈依三寶的基礎上，再加上「皈依三根本」：加持的根本上師、成就的根本本尊、事業的根本護法。修持密咒金剛乘的不共法門時，就要修「六皈依」。

談到「加持根本的上師」，我們該如何理解「加持」呢？人們對加持有不同的想像，有些人以為加持就是身體震顫、看見白黃紅綠等各種光芒，或是出現種種不尋常的境相。其實不是這樣的。所謂「加持」，是指佛法的力量在我們身上產生作用。比如：原本信心微弱，變得堅定；恭敬心從淺薄，變得深厚；智慧從微小，變得廣大。當我們的心轉向佛法，生起想要修行的心，進而能夠實際修持，最終證得究竟果位——這就是得到正法的加持。

這種加持主要是依止上師而生起。一般來說，依止佛陀也能獲得加持，但是我們沒有親見佛陀的因緣，也沒有在佛陀面前聽聞佛法的機會，這是否會造成什麼大問題呢？其實不會。為什麼呢？因為佛陀以大悲心關照眾生，讓我們透過根本上師和傳承諸上師，就能獲得如同佛陀親自傳法一般的加持。正因為我們是經由根本上師而獲得佛陀的加持，所以說「上師是加持的根本」。

「成就的根本本尊」是什麼意思呢？修持正法時，我們是以法為道路而皈依。然而，佛法有八萬四千法門，需不需要修持所有法門呢？不需要。每個人只要按照各人的因緣，修持相應的法門就可以了。

所謂「各自的本尊」，是指我們心中認定的本尊——可能是一位、兩位或三位等等。只要以信心和虔敬來修持，修習本尊的生起次第和圓滿次第，在生圓二次第的道路上精進努力，最終就能證得究竟果位。因為這樣的果位是真實證得的，所以稱為「成就」。這個「成就」是依靠什麼而獲得的呢？是依靠實修本尊生圓二次第的口訣而獲得的，因此說「本尊是成就的根本」。

「事業的根本護法」是指能幫助我們消除修行正法的違緣、增長順緣的助伴。

所謂「消除違緣」，是指當我們對正法的信心減弱、恭敬心退失、精進力衰減等情況出現，這些都是修行正法的違緣。遇到違緣時，我們需要遠離它。那麼，誰能幫助我們遠離違緣呢？一般來說，就是聖僧伽。因此，我們以僧伽為修道助伴而皈依，他們會開示增長信心和精進的口訣，成為我們修道的助緣。我們在修道路上能夠親見的人間道友，就是這些聖僧伽。

然而，依靠諸佛菩薩的發心和力量，我們也能獲得遠離違緣、增長順緣的方法。這是指什麼呢？就是「護法」——諸佛菩薩以無形的方式守護正法的示現。向護法祈請、發願、託付事業，就能消除修行正法的違緣、增長順緣，因此說「護法是事業的根本」。我們平時向瑪哈嘎拉護法託付事業、祈請、供養朵瑪等，這些都是消除修行違緣、增長順緣的方法。

當我們見到護法身相，會看到忿怒威猛的形相，為什麼護法要「示現忿怒相」呢？這是表示他們具有大威力和大悲心，他們的心意是要救護一切眾生脫離痛苦，帶領眾生走向安樂。因為有這樣的發心與願力，當看到眾生被煩惱牽引而受苦，護法心生不忍，因而示現忿怒相。

護法的形相其實並非瞋怒，而是慈悲的展現。這是什麼意思？當我們觀看瑪哈嘎拉的唐卡和聖像，乍看之下，他似乎是忿怒、具有傷害性的形象；但是如果仔細觀察，會發現他的表情既非忿怒也非歡笑，而是呈現一種特殊的神態。為什麼會這樣呢？這是因為在繪製或雕塑護法像時，形相中就蘊含了智慧、慈悲和威力的象徵——經典中是這樣解釋的。

因此，在祈請護法時，我們供養供品、朵瑪、金色甘露等，祈願自己修持正法的心願能夠沒有障礙，並託付事業，讓我們能夠如實地修持正法，以這樣的方式祈請和發願。如果能經常向護法祈請、託付事業，將會獲得很大的利益。

第39則教言說：「持誦皈依淨語障，斷除閒談定日人。」一般來說，我們的日常談話中，有些話是有意義的，有些則沒有意義。這些無意義的話就稱為「庸常閒談」。說這些無意義的話，首先是浪費時間；更嚴重的是，說太多無意義的話，會逐漸增長瞋恨、嫉妒、愚癡等煩惱。煩惱一旦增長，就會積累惡業，進而傷害自己也傷害他人。因此，這則教言告訴我們，要避免過多的庸常閒談，應當多用口來持誦經咒，這樣比較好。

40

頂禮繞行淨身障，斷除俗務定日人。

接下來是第40則教言。為了以身體積聚福德資糧，我們應當修持頂禮、繞行等，這樣可以淨除身業障。為此，尊者告誡定日人要斷除世間俗務。

一般來說，如果以善心和利他心從事世間俗務，這本身沒有什麼問題。但是，如果懷著競爭心、嫉妒心、瞋恨心和害心去做事，不僅會傷害他人，最終這些惡果必定也會成熟在自己身上，反過來傷害自己。因此尊者說「斷除俗務定日人」。

41

以虔誠心淨意習，頂上觀師定日人。

接下來是第41則教言。一般來說，虔敬心極為重要。為什麼虔敬心如此重要呢？這並非僅僅因為上師珍貴而應當生起虔敬，更是因為我們需要如實修持佛法。唯有如實修持佛法，才能從根本的業與煩惱中解脫，進而從痛苦中得到解脫。

自他一切眾生都需要從痛苦中解脫。要從苦果中解脫，就必須從它的因——業與煩惱中解脫。要從業與煩惱中解脫，則需要對正法生起殊勝的信心。有了對正法的殊勝信心，才能如實修持正法。

如果對正法有百分之百的信心，就能百分之百地修行；如果有五十分的信心，修行也只能達到五十分；如果只有十分的信心，修行也只有十分的成效。因此，虔敬心的程度決定了修行的成效——有多少虔敬心，正法的修持就有多少成效。如果能好好修行，內心的惡習自然會清淨，從而帶來廣大的利益。基於這個原因，所以說「以虔誠心淨意習」。

那麼，為什麼要「觀修上師在頭頂上」呢？因為我們所修持的口訣都是從上師那裡傳承而來。正因為了解上師所傳授的口訣極為重要、利益廣大，所以教言說「頂上觀師定日人」。

42

俱生骨肉定分離，莫執壽常定日人。

接下來是第42則教言。我們剛出生時，肉、骨頭和內臟本是一體，但在死亡後，骨頭和肉這些都會分離。因此，不要以為「這一生還能活得很久」，而去規劃百年千載的世俗計劃，這樣做沒有太大的意義。所以教言說「莫執壽常定日人」。

以上主要講解了前行和正行二者中的「前行」部分，以及世俗諦和勝義諦二者中，與「世俗諦」相應的修持，同時說明了精進修持的重要性。

接下來將開示前行和正行二者中的「正行」部分，以及世俗諦和勝義諦二者中，主要關於「勝義諦」的教言。在後續引導實修時，也會稍微談到世俗諦的內容。

43

持守勝境本然地，無有遷變定日人。

接下來是第43則教言。如果問：成佛和證得成就的意思是什麼呢？是指前往遙遠的地方而到達那裡，或是捨棄舊地方而到達新地方嗎？答案是：不是這樣的。或者，成佛是指逃往遙遠的地方嗎？也不是這樣的。

那麼，何謂成佛或證得成就呢？我們的心生起迷妄相而陷於其中，當諸多迷妄相或顯相生起時，我們執著這就是我，由此生起煩惱，依煩惱造業，因此又生起更多輪迴的迷妄相。要如何遠離這樣的迷妄相呢？必須要讓自己的心不向外散亂，返回安住在實相上。因此這裡說「持守勝境本然地」，教言中的「本然」是指未經造作的意思。

從小乘的角度來看，需要證悟人無我。輪迴的本質是苦，那麼苦的根源是什麼呢？是煩惱。而貪、瞋、癡等等煩惱又是如何生起的呢？這些都是依於我執而生起的。當想著「我需要快樂」、「我需要更好的」，就生起貪心；同樣地，當想著「他人在傷害我」、「我正在遭受痛苦」，就生起瞋心；當想著「他和我差不多」、「我要比他優越、不能輸給他」，就生起嫉妒心。種種煩惱正是透過這樣的方式不斷生起的。

煩惱生起後會帶來什麼後果呢？會積累惡業，惡業又會導致苦果，因此根本就在於我執。

那麼，要如何斷除我執呢？僅僅想著「我不要執著我」是無法做到的。要斷除我執，必須證悟無我的真實義。

一般來說，在諸法實相中本來就沒有「我」的存在，在我們的身上也找不到「我」，在心上同樣找不到「我」。例如，我們的頭、腳、眼、耳、鼻等，這些是「我」嗎？它們都不是「我」。我們總是執著「我」為單一實體，然而實際上，我們的身體只是由多種元素組成的蘊聚。

蘊總共有五種，以色蘊（色身）為例，它是由眾多微塵積聚而成，只是如同相續般暫時存在，並非真實成立。因此，當我們觀察、分析諸蘊時，無論何處都找不到所謂「我」的存在。

我們因為還沒有證悟這樣的無我，才會執著有我。因此，如果能夠認識本然的境界或無我的道理，我執便會自然瓦解；當我執瓦解時，各種煩惱也會自然斷除；由於斷除了各種煩惱，我們便能永遠從痛苦中解脫。這就是小乘的修行道路。

同樣地，就大乘佛教而言，依照《般若波羅蜜多經》的深層含義，不僅僅是人無我而已，更教導我們一切法自性本空。簡單來說，就像我們念誦《心經》中的「無色、聲、香、味、觸、法」等內容，已經確立並說明了一切法自性本空的道理。

因為一切法自性本空，如果能夠認識出萬法本來是空的本質，就不會有痛苦，就不會有煩惱了。所有煩惱都會自然寂滅，所有痛苦都會自然消融。因此，我們從一開始就要認識出迷妄相的本性本來就是空的，所以尊者說「持守勝境本然境」，意思是我們需要能夠認識出這個未經造作的本然境界。

《心經》中教導我們一切法都是空的。尤其是在「中觀」的各種論著中，透過推理更加清楚地證明了空性的道理，並且詳述了很多特別的理由，證明外在的顯相和內在的心都是空性。現在，這些中觀著作已經翻譯成你們的語言了，如果你們閱讀這些著作，會獲得很大的幫助，能夠生起定解。依循龍樹菩薩、月稱論師和寂天菩薩等大師的口訣和理證，我們能對於無我的義理生起信心。這就是大乘佛教的修行方式。

接下來，就密咒金剛乘的不共教法來說，對於外在的顯相，觀察與否都可以，主要是必須確立內心的實相，因此尊者說「持守勝境本然地」，薩惹哈、帝洛巴[註]、那洛巴等大師的道歌中也是這樣教導的。

無論我們現在是處於輪迴當中，或者煩惱很強烈，實相和本然狀態從來沒有改變。只要我們去修持就能修成，如果想要證悟也能證悟。因此，尊者說我們必須修持「本然」的義理。

註：帝洛巴大師在《恆河大手印》中說：「若得以自心，觀照自心矣，妄念悉消解，證無上菩提。」堪布羅卓丹傑譯。

44

享用勝財心寶藏，無有窮盡定日人。

接下來是第44則教言。一般來說，我們都想要快樂和享用不盡。為了讓自己更快樂、生活過得更好，我們會累積食物、財物和各種享受的東西。但是，這些東西用了就會減少、甚至用完，根本沒有什麼真正的價值。那麼，什麼是最好的財富，能帶來永遠不會用完、永遠不會變質的快樂呢？這就是我們心中的寶藏。

當我們真正認識自心的狀態，並且享用這個心中的大寶藏，就能得到完全的快樂。這是三乘當中，特別屬於密咒金剛乘的獨特修行口訣。所以尊者告訴我們，要好好了解自心的實相，並且享用這個心中的大寶藏。

如果能這樣修持的話，就像前面說的那樣，因為萬法本來就是空性，所以其他東西無法傷害它。那麼，萬法的根源究竟是什麼呢？無論是我們的快樂還是煩惱、信心和恭敬、慈心和悲心，這些根源都在於我們的心。

所以，當我們真正認識了自心的狀態，並且能夠享用這個內心的大寶藏，就能得到一切快樂的根源 —— 解脫和遍智。正因如此，印度的偉大成就者們在證悟了心的實相後，便直接教導人們認識自己的心。現代也出現了很多傑出的上師，同樣在教導人們如何認識自己的心。透過這些教導，許多有緣的學生都認出了自己的心性，取得了非常好的修行成果。

這是「見、修、行」三者中的「見」，而「見」又可以分為「推理而得的見解」（比量）和「直接體驗所證的見解」（現量），現在說的是屬於「直接體驗所證的見解」。當我們認識到這樣的見解後，就需要透過修行來保持它。因此，「享用勝財心寶藏」是指我們要了解心的實相，安住在心的本性中，以此受用這個大寶藏。

在印度聖地，曾出現過薩惹哈、帝洛巴、那洛巴等八十四位大成就者。他們當中既有男性也有女性修行者。這些具有殊勝證悟的成就者，都是透過實修這些教法而獲得了殊勝的成就。

只要在這一生中，用這個身體來實修這些教法，就能在現世獲得成就。作為弟子的我們，不論男女，只要實修這些方法，就有機會達到那些聖者們的境界。所以，如果我們能享用這個心性大寶藏並加以實修，就能獲得無窮無盡的快樂，這種快樂不會被無常的缺點所染汙，也不會改變。這就是偈頌「無有窮盡定日人」要教導我們的真正意義。因此，尊者強調我們一定要學習這種修持方法。

45

受用勝食禪定味，消泯飢苦定日人。

接下來是第45則教言。如同前面所說的，因為出現了許多能夠指導心性的殊勝上師，也有許多弟子在接受教導後認出了自己的心性，將來還會有更多弟子逐漸認出心性。但問題是：僅僅認出心性就足夠了嗎？這當然是有幫助的，但光是這樣並不是完整的修持。那還需要什麼呢？需要修持。認出心性是「見、修、行」三者中的「見」，而見解必須透過「修」來保持和深化。這則教言正是在教導我們保持見解的方法和口訣。

就像我們需要好好照顧自己的身體，吃好的食物、喝好的飲料來養護它，這樣一來，我們的身體就會變得強壯健康。同樣地，為了讓修持心性的禪定能夠不斷增長，教言說要「受用勝食禪定味」，也就是說，我們需要享用禪定這種美妙的食物。那要怎麼享用這種禪定食物呢？答案是：透過好好修持禪定來享用。

首先，我們要修習「止」的禪定，才能逐漸認出心性的實相。一旦認出心性之後，就能理解前面所說的「本然」和

「勝財心寶藏」這些概念的意思。接下來，我們需要保持這種認知。那麼，要怎麼保持呢？需要禪定。「禪定」的意思是讓心穩定不動搖，因此「禪定」這個詞可以同時指「止」和「觀」兩種修行方法。如果在修行時能夠好好享受禪定的滋味，就能獲得很好的成果，就像前面提到的印度出現過的八十四位大成就者那樣。

佛陀教導了《三摩地王經》（又稱月燈三昧經），並將大手印法門傳給岡波巴大師，由此無比的達波噶舉派擁有獨特而殊勝的禪定修行方法。如果能享用這種殊勝的禪定妙味，就能「消泯飢苦」。這就像我們肚子餓了，好好吃一頓飯來滋養身體，吃飽後就會感到舒服愉快。同樣地，當我們因為無法好好修行佛法而感到痛苦、煩惱增多時，如果能夠好好體驗禪定的妙味來修行，就能擺脫痛苦、去除煩惱。所以這裡用食物來比喻禪定。

46

飲用最勝念甘露，永不間斷定日人。

接下來是第46則教言。保養身體需要什麼呢？不僅需要食物，還需要飲用各種好的飲料，身體才能得到良好的滋養，從而獲得快樂。同樣地，我們應該好好依靠最殊勝的飲料——正念和正知。

修習禪定時會遇到什麼情況呢？常常會陷入散亂，而無法安住在禪定中。這就像我們只吃食物，雖然能填飽肚子，但仍會口渴。為了解決這個問題，需要喝些適當的飲料。那麼，教言所說的「最勝念甘露」是什麼呢？就是正念和正知。當我們飲用了正念和正知這種甘露，在修行時就能讓心安住而不散亂。因此，教言中「永不間斷」的意思是：如果好好依靠正念和正知，就能持續不間斷地保持良好的修行狀態。第46則教言就是教導我們要修習禪定，並且依靠正念和正知。

更詳細地說，就像前面提到的，無比的達波噶舉教法是傳授給岡波巴大師。之後，修持大手印禪定的許多特殊口訣，都是由歷代噶瑪巴傳下來的。比如，第三世噶瑪巴讓炯多傑寫了〈大手印祈願文〉，第九世噶瑪巴旺秋多傑寫了《了義海》、《除無明闇》和《直指法身》等殊勝教法。如果我們能學習並實際修行這些殊勝教法，必定能夠獲得解脫，這是毫無疑問的。

為了讓海外的弟子們能夠修習這些殊勝的教法，許多譯師投入了翻譯工作。這些譯師們的工作並不容易：有些人遠赴印度，即使肚子疼痛也堅持學習；有些人甚至在無法取得簽證的情況下，依然設法繼續研習。正是憑藉這樣的努力，他們深入理解了佛法的內涵，依止上師獲得了教法。他們陸續翻譯的教言，現在已經編輯成書了。我們要知道，這些佛法書籍不是普通的商品，而是真正能夠指引我們達到解脫和遍智境界的殊勝教法。所以，請不要輕視這些書籍，應該好好研讀。這樣做不僅僅是為了學習知識，更是為了真正達到解脫和遍智的果位。如果能這樣閱讀、學習和修行，一定會獲得極大的利益。

就這樣，尊者依次教導了四則教言：關於「境界」的——持守本然勝境；關於「財富」的——享用勝財心寶藏；關於「食物」的——受用禪定妙味；關於「飲料」的——飲用正念和正知甘露。

47

依止勝友覺性智，永不分離定日人。

接下來是第47則教言。就像我們在世間上需要朋友、兒女等人的陪伴一樣，在修行時，我們首先也需要依靠某種「勝友」，這樣的朋友是誰呢？當我們修習禪定時——無論是在觀修心的本性，或是運用邏輯推理來確定道理——都會發現萬法的實相具有兩個面向：「空性」和「明覺」。這裡所說的空性，並非單純的空無，而是需要依靠空性的朋友——覺性智慧，必須具備明覺的特質。

這種明覺的智慧稱為「如來藏」，我們應理解它就是所有佛的智慧、慈悲與力量三者合一的本質。就圓滿的智慧來說，佛具有如實了知萬法真相的智慧（如所有智）和澈底了知萬事萬物的智慧（盡所有智）；不僅如此，佛對於所有需要幫助的眾生具有無條件的大慈悲（無緣大悲）；而且，佛不只具備這樣的智慧和慈悲兩種功德，還具備透過這兩種功德來進行廣大利益眾生事業的圓滿能力。

因此，當我們依靠這如同種子、如同精華般的如來藏覺性智慧時，應如偈頌所說「永不分離」，意思是，我們的心與覺性智慧應該時時刻刻不分離，始終具有這種品質。這則教言中，尊者教導我們：應該修持禪定，安住在明覺與空性結合的體性中。

48

尋覓最勝覺性童，無有生死定日人。

接下來是第48則教言。就像我們有子女那樣，在修習禪定時需要什麼呢？那就是「覺性童子」。剛開始修習禪定，這種覺性若有若無，不是很清楚，然後逐漸變得愈來愈清晰。就像小孩子慢慢長大成熟一樣，禪定的清晰度、純淨度和穩定性，也要一步步地不斷增強。

我們雖然細心照顧親生的孩子，但孩子有生就有死，終究會離開我們。然而，「覺性童子」卻不一樣，只要輪迴還存在，它就會不斷地發揮作用，正如偈頌所說的「無有生死」。如果我們能夠好好照顧這個「覺性童子」，會帶來極大的利益。因此，尊者的這兩則教言就是在教導我們：應當以實修禪定來培養和保護「覺性智慧」這個朋友和「覺性童子」這兩個面向。

49

空性中旋覺性矛，見地無礙定日人。

接下來是第49則教言。在修持佛法和禪定時，需要哪些要素呢？需要「見地、修行、行為、結果」這四個面向。以下將依序說明。

首先說明「見地」。一般來說，一切法的本性是空性。但在我們普通人的分別妄念中，如果知道是空性，就無法理解其中還有覺性或明的部分；如果知道是覺性或明的部分，就無法理解它同時也是空性。我們時常將「明」理解為有實體的東西，而將「空」理解為沒有實體的狀態，因此覺得「明」和「空」似乎是相互矛盾的。然而，這兩者其實並不矛盾：空性中可以有覺性，覺性的狀態中也可以是空性。

這裡舉了一個例子，就像在天空中旋轉長矛，類似中國的太極或武術表演。當你旋轉長矛時，無論怎麼轉，都不會碰到障礙物或弄壞長矛，可以隨心所欲地揮舞。同樣地，如果我們能在空性中保持覺性的清明特質（明分），那麼覺性的清明不會遮蓋空性，空性也不會妨礙覺性的清明。

這就是「見地無礙」的意思，也就是說，我們能夠保持正確的見地。尊者教導我們：明晰與空性這兩者並不衝突，而是要達到明晰和空性的結合。

密勒日巴尊者在他的道歌中曾經說：「顯現、空性及無別，此三見地之精要。」[註] 這是指外在的現象、這些現象本性是空的，以及這兩者不可分離的關係：顯現不與空性相違，空性不與顯現相違，現象與空性這兩者可以不分離地同時存在。這就是見地的精華——密勒日巴尊者以道歌形式傳授的教法。同樣地，「空性中旋覺性矛，見地無礙定日人」的教言，也是在告訴我們要建立明晰與空性不可分離的見地。

註：（譯註）引文出自《密勒日巴道歌集》第六篇〈密勒日巴在獨利虛空堡〉依據張澄基先生的翻譯稍作修訂。

50

任運中修無礙力，行無取捨定日人。

接下來是第50則教言，講解「行持」的修法。

關於行持，尊者說要「任運中修」。這是指前面所講的「見地」，以及接下來要講的「修持」，這兩者都不應該以壓抑或拘束的方式來修，而應該怎麼修呢？要任運自然地修。

無論我們稱之為「自性法界」、「明分如來藏」或「本智」，它的本質都是自然安住在心的實相中。這不是透過刻意造作來修習，而是從任運中自然流露。所謂「修無礙力」，就是要讓這種任運生起的行持像河水般自然流動，持續安住在禪定中，而不是時有時無。這就是我們要修習的「無礙力用」。

透過這樣修習力用，「行無取捨定日人」——這種「行持」不需要遮止什麼或採取什麼，而是要無造作地安然安住。就如同前面（教言43）所說的「持守勝境本然地」，應當安住於本然實相或自性實相中修持。這個自性實相不是透過我們的修持而新生或新造出來的。行持應當無有取捨。

在修禪定時，我們有時會想「禪定應該要很清晰」，或者想「禪定應該要顯現空性」，認為必須達到明空雙運，而不斷地刻意造作——這就是所謂的「彩虹式禪修」。我們不應該像編織彩虹般地造作，而應安住於自性本然的平等性中，因此說「行無取捨定日人」。

51

無念之中守無散，修無沉掉定日人。

接下來是第51則教言。對於見地，我們需要修持。如同前面所說的，雖然有許多人能認識心性實相並加以守護，但有些人會有這樣的感受：我感覺修行沒有進步，有時覺得對了，有時又覺得不對。在修行體驗中，這種反覆的情況很常見。為什麼會這樣呢？這是因為無法以修持來守護見地。

見地必須以修持來守護，修持之後要安住於禪定中。修的時候，不要緊繃地修，也不要壓抑地修，而要放鬆地修。但是，如果完全放鬆，任由妄念散亂，不管生起貪、瞋、癡哪種煩惱，或是放任一切念頭生起，這樣就會落入妄念散亂。因此，既不要落入散亂，也不要停留在完全無念的狀態，而是要像偈頌所說的「守無散」——以正念和正知來守護。好好守護正念和正知，這就叫做「修」。偈頌說「修無沉掉定日人」，如果能好好守護這樣的修持，就不會有昏沉和掉舉。

如果修持的方法不當，禪定中就會出現缺乏明分的昏沉，以及妄念紛飛的掉舉。當陷入昏沉或掉舉時，就需要運用對治的方法。在大手印口訣《了義海》和《直指法身》[註1]中，特別詳細說明了：昏沉時該如何修持，掉舉時該如何修持；昏沉時應採取什麼身體姿勢來對治，如何從發心層面調整，如何從禪定層面調整；同樣地，掉舉生起時該如何對治妄念。這些方法都有清楚的教導。如果能研讀這兩部教典，將會極有幫助，獲益良多。

不過，這裡帕當巴桑傑是怎麼說的呢？他說，如果能不散亂地好好守護正念和正知，昏沉和掉舉就不會生起。事實上，昏沉和掉舉本來就不成立。從見地的角度來說，在心的實相中，從來就沒有昏沉和掉舉。因此，深信無自性並安住於平等性中就可以了。

密勒日巴尊者說過：「明與無念無散亂，此三即是修持要。」[註2]修持的「住分」[註3]是怎麼樣的呢？它不是渾沌不明、什麼念頭都不起的呆滯狀態。空性的本質具有明分，心的明分是無阻礙的。在這明分中，沒有許多分別念的執

註1：詳細內容可參考創古仁波切講述的《直指法身：第九世大寶法王「大手印修持法本」釋論》中譯本，2018年3月（三版），創古文化出版。

註2：出自《密勒日巴道歌集》第六篇〈密勒日巴在獨利處空堡〉。

註3：住分是禪修術語，指心安住於定境而不向他處散亂的層面。

取，而是自然安住於無分別的寂靜中；這種狀態必須以不散亂的正念和正知來守護。因此說：「明與無念無散亂，此三即是修持要。」能夠這樣安住，就是「修無沉掉定日人」。

52

四身無別自心圓，果無希懼定日人。

接下來是第52則教言。如同前面所說，以見地來護持行持，在行持中修習禪定，依禪定的修持而證得果位。

那麼，這個果位是什麼樣的？一般來說，修持正法會得到什麼果？特別是透過禪定修持，又會得到什麼果呢？會獲得自利利他二利圓滿的果位。「自利圓滿」是指自己解脫痛苦，享受圓滿的安樂；「利他圓滿」是指不僅自己獲得安樂，更具有引導一切眾生解脫痛苦、證得究竟安樂的能力。這就是自他二利圓滿的果位。這樣的果位是什麼呢？正如偈頌所說「四身無別自心圓，果無希懼定日人」——證得四身無別、二利圓滿的果位。

四身之中，首先是「自利圓滿的法身」。我們現在心的迷亂顯現中有分別念的過失。當斷除這些過失後，就能證得圓滿的智慧、慈悲與力用等功德。藏文「佛陀」一詞的意思，就是斷盡一切過失、圓滿一切功德，也就是證得法身果位，由此成就自利圓滿。[註]

註：（譯註）藏文「佛陀」（སངས་རྒྱས་）由「斷盡」（སངས་）與「圓滿」（རྒྱས་）二字構成。

這樣的自利身，從明分的角度來說是本智法身，從空分的角度來說是自性身——這是自利圓滿的二身。依此自利身如何利益眾生呢？在心的智慧中具有圓滿的慈悲，在慈悲中具有圓滿的力用。這些慈悲和力用示現成什麼呢？就是為了利益眾生而示現的色身。

由於眾生無緣親見佛陀的法身，因此佛陀示現利他圓滿的色身來教化眾生。對於業力清淨的眾生，佛陀示現「具足五種決定的報身」。

五種決定是：處所決定——清淨佛土；身相決定——具足相好莊嚴之身；眷屬決定——業力清淨的菩薩眾；法教決定——大乘正法的法輪；時間決定——恆常不斷地轉法輪。這就稱為「圓滿受用報身」。那麼，「受用」是指受用什麼呢？是指受用大乘正法，也就是能夠圓滿宣說一切大乘法教。

那麼，對於業力尚未清淨的眾生，佛陀示現什麼色身呢？在不淨剎土中，佛陀示現「殊勝化身」，透過十二相成道等事業利益眾生。轉動了義與不了義等各種法輪，將一切眾生引導至解脫和一切智的道路上。這稱為「殊勝化身」。

以上所說的是果位的四身。這四身現在在哪裡？我們未來能證得四身嗎？一定能證得。為什麼呢？因為四身本來無別，現在就圓滿具足在我們的如來藏心性中。因此說「果無希懼定日人」——我們必定能證得此果。

53

輪涅根本歸自心，心無實有定日人。

接下來是第53則教言。依照前面所說的見、修、行、果，那麼，看似堅固的「輪迴」真能斷除嗎？看似遙遠的「涅槃」真能證得嗎？答案是肯定的——我們必定能斷除輪迴、證得涅槃。

為什麼這麼說呢？因為這一切都歸結於自心。在心之外，既沒有堅固無比的輪迴，也沒有遙不可及的涅槃。輪迴與涅槃的根本都歸於自心。而作為二者根本的心，它的本性是無自性、無實有的。因此，該斷的能斷，該證的能證。所以教言說「輪涅根本歸自心」。

那麼，「心無實有」到底是什麼意思呢？關於心無實有，不需要長篇大論，也不需要繁複論證。只要觀察一下自己的心在哪裡，就會發現它並非真實存在。當我們沒有觀察分析時，「分別念」似乎是某種粗重的東西。但如果仔細觀察，就如教言所說「應觀分別念如空中風」——空中的風從哪裡來，又吹向哪裡？根本無從得知。同樣地，好好觀察自心，就會明白「心無實有定日人」。

54

貪瞋相如鳥無跡，莫執覺受定日人。

接下來是第54則教言。雖然輪迴和涅槃的根本都在於心，但貪、瞋、癡三毒煩惱的力量極其強大。那麼，我們何時才能斷除？又該如何斷除呢？貪、瞋等煩惱雖會生起，但就像鳥兒飛過天空不留痕跡，這些煩惱在空性中會自然消散，不留絲毫痕跡。因此說「莫執覺受定日人」——不要執著或耽著煩惱妄念的生起。

55

法身無生如日輪，光明恆照定日人。

接下來是第55則教言。一般來說，當我們自輕自賤、妄自菲薄時，會想：「我不過是個愚癡煩惱深重的凡夫，佛陀的法身太難證得了，如此遙遠深奧，恐怕我無法證得。」然而，法身是必定能證得的。為什麼呢？因為諸經論中都指出：一切眾生皆具成佛種子——如來藏佛性。佛陀法身的功德，本來就圓滿具足在我們心中。

這裡說「法身無生」，是指法身並非新生，而是本來就有。這是什麼意思呢？比如，太陽被雲遮蔽時，雖然我們看不見太陽，但太陽並沒有因此變暗，它依然如故地具足光芒、威德與光彩。太陽不會在被雲遮住時變差，太陽也不會在雲散時變好。同樣地，我們本具的如來藏也是光明不變。只要精進修持，它必定能夠顯現。一旦遠離暫時的塵垢，如來藏的光明自然顯露。因此，不必懷疑自己無法證得究竟果位，更不要因為疑慮而喪失信心。

56

妄念流如空屋賊，實無得失定日人。

接下來是第56則教言。遮蔽如來藏的垢障有哪些呢？一、分別念；二、感受；三、貪瞋；四、念頭的流動；五、執著。以下將依序說明如何不被這些過患所染。

首先說明「分別念」。所謂「妄念相續」，是指許多念頭不斷生起。這些分別念本來就沒有自性，觀察它們的本質，會發現它們雖然顯現，卻沒有實體。分別念只是本性空卻顯現而已，沒有什麼新的得失，就像小偷闖入空屋，既無所得也無所失。密勒日巴尊者的傳記中記載，有小偷闖入他的山洞，尊者笑著說：「我白天都找不到東西，你晚上還能找到什麼？」同樣地，我們完全不用害怕分別念，因為分別念本來就沒有自性。

57

受無蹤跡如水紋，莫逐妄相定日人。

接下來是第57則教言。就經論的觀點來說，一般會提到五蘊。其中「識蘊」是關於心的部分，又分為六識或八識，這些是「心王」。至於「心所」，是指有時生起善的分別念、有時生起不善的分別念、有時生起無記的分別念。這些分別念的活動稱為「行蘊」。行蘊有許多種類，總的來說有五十一種心所。粗重分別念的流動中包含了行蘊五十一心所，其中，最粗重的就是「受」。[註]

一般來說，五十一種心所中包含了「受」和「想」。但由於「受」的力量特別強大，能引生貪著、希求等，所以在五蘊中特別將「受蘊」單獨分立出來。

因此，在各種分別念中，由於貪著樂受、畏懼苦受，就會生起強烈的粗重分別念。為了斷除這種貪著，所以說「受無蹤跡如水紋」，雖然一開始會經歷某種感受，但它終將

註：行蘊五十一心所包含的內容，請參考創古仁波切所著《止觀禪修》頁114-115表格，2017年6月（二版），創古文化出版。

消逝，就像在水面畫圖，毫無實質，終歸於無。因此，不要追逐感受，不要生起「我需要這個樂受」的執著，也不要生起「我不要這個苦受」的恐懼，感受本來就會自然消散。

58

貪瞋之念如彩虹，無可執取定日人。

接下來是第58則教言。貪瞋的危害極大。當我們對樂受和苦受生起強烈的貪著與瞋恚時，就很難加以對治，似乎無法斷除。然而，觀察貪瞋的本性，會發現它如同天空的彩虹——雖然顯現絢麗的色彩，但因為本性是空，所以不會成為貪著的對象，正如教言所說「無可執取定日人」——貪著與瞋恚沒有可執取的實質。

教授中提到「將煩惱轉為道用」，這是什麼方法呢？小乘佛法是透過壓伏煩惱、運用對治來斷除煩惱；而大乘佛法，特別是密咒金剛乘，則是將煩惱轉為道用。所謂「轉為道用」，並非放任粗重煩惱運作，而是當我們生起良好的禪定、認識心的實相後，觀察煩惱的本質，直接見到煩惱本來無自性——這就是「將煩惱轉為道用」。

在《月光大手印》[註]中也講到了「將煩惱轉為道用」和

註：作者達波札西南嘉（Dakpo Tashi Namgyal，1511–1587），內容闡述大手印的根、道、果次第，並教導實際禪修的方法。中譯本《月光大手印：明示了義大手印禪修次第之善說》，全三冊，2023–2024年，財團法人化育文教基金會出版。

「將妄念轉為道用」的方法。如果能研讀這部論著會很有幫助。研讀之後，不要只從聞慧的角度向外觀察，而是要從修持的體驗中去觀察，這樣才能將煩惱轉為道用。如果具有正確的見地和證悟，就能將煩惱轉為道用。達波札西南嘉所著的大手印概要《明現本來性》中，也傳授了將煩惱轉為道用的口訣。

就目前的情況而言，該如何平息煩惱呢？要依靠正念和正知、保持謹慎，努力運用令煩惱不生起的方法——這點非常重要。

59

動念自淨如空雲，心無定執定日人。

接下來，第59則教言是關於動念。

「動」是指許多分別念的活動。修習禪定時，先修寂止禪定以獲得住分。在住分中安住時，會出現分別念的動相：有時是粗重的分別念，有時是微細的「潛流」分別念，有時是善念，有時是惡念。這些活動都稱為「動念」。如果執著這些動念，它們就不會自然消散。但若觀察動念的本性，會發現它們本來就是空性——這些分別念的活動在身內身外、上下各處都無從尋得。因為動念本性是空，所以說「動念自淨如空雲」——天空中飄過的雲朵，雖會遮蔽日月，但不會永遠停留，會自然消散。「心無定執定日人」的意思是，心中根本沒有「這個該做」、「那個不該做」的執著。

從大手印的口訣來說，這稱為「動中觀」。在《直指法身》、《除無明闇》和《了義海》等論典中，都教導先觀察住分，再於動念中觀察的口訣。這些教授極為深奧，利益廣大。如果能這樣修，會非常好。

60

無執自解如徐風，莫貪對境定日人。

接下來是第60則教言。前面講到分別念、受、貪瞋、動念等，那麼，我們該如何對待它們呢？如果能保持無執無著，它們就像徐徐微風，雖會吹動，卻不會造成大的損害，自然就會消散。同樣地，分別念的活動也因本性是空，會自然消散。

在〈金剛總持祈請文〉中，分別從前行和正行兩方面來說明。正行又分為「寂止」和「勝觀」。關於「勝觀」的部分，〈金剛總持祈請文〉說道：「教云妄念體性即法身，何者皆非宛然而顯現，顯現無礙幻化之行者。」這是為了讓人容易體驗和實修而作的開示。

一般來說，「勝觀」是指如實見到實相。特別是觀察分別念的本性時，會發現分別念的本性本來就是清淨的法身。因此，無論分別念如何遊舞、如何活動，它們的本性都是空的。所以這裡也說：「無執自解如徐風，莫貪對境定日人。」

從前面講的分別念到這裡（教言56-60），都在說明一個道理：因為所要斷除的東西本來就不成立，所以能夠斷除，而且斷除它們並不困難。

接下來的幾則教言，將說明所要證悟的能夠被證悟，以及為什麼能證悟、證悟後有什麼大功德。這些會從顯空、明空、樂空的本性來說明。

61

覺性無執如彩虹，覺受無礙定日人。

接下來是第61則教言。所謂「覺性」，是指心的本性本來是空性，是明空雙運的本質。無論稱它為分別念、本智或覺性，這樣的心性本來就存在於一切眾生心中，只是還沒有被認出來。

當依靠不共的口訣認出心性時，會是什麼樣子呢？它無執無著，如同天空的彩虹。即使生起各種不同的覺受，也沒有差別。有時生起空性的覺受，有時生起明性的覺受，或是樂、明、無念的覺受，但心的本性始終不變。守護這樣的心性時，即使生起樂、明、無念的覺受，只要不貪著，就不會有任何過患。若是貪著會有什麼過患呢？會生起傲慢和執著。因此，為了避免這些過患，必須保持無執，對覺受無所罣礙。

62

悟法性如啞人夢，言詮俱寂定日人。

接下來是第62則教言。證悟法性的意義，就像啞巴做夢一樣。除了透過自己的體驗，無法用言語說出「是這樣、是那樣」。如果是世間的迷亂顯現，可以說「這個東西有什麼顏色、什麼形狀」，是能用語言表達的。但是，法性的意義，如同《入菩薩行論》中所說：「勝義非心境」[註]——既不是心的對境，也不是語言的對境。經典又說：「離言思般若波羅蜜」——無法用明確的語言來描述，也無法用心思惟。

因為法性的意義只能透過體驗來了知，所以說：「悟法性如啞人夢，言詮俱寂定日人。」馬爾巴譯師的道歌也說：「如同啞巴嚐糖味，生起無可言說覺。」當證見法性的意義時，它不是言語的對境，一切言詮都寂滅了。

註：出自《入菩薩行論》第九品〈智慧〉，如石法師譯。

63

證悟猶如少女樂，妙樂難宣定日人。

接下來是第63則教言。當殊勝的證悟在心中生起時，心會生起喜悅，身會生起無法言說的安樂。為什麼呢？在輪迴中，我們有恐懼和痛苦。這是因為對事物有強烈的執著，由此產生強烈的貪戀，以及強烈的期待和憂慮。但如果證悟了萬法的實相、自心的實相或法性的實相，就能從這些恐懼和痛苦中解脫。因此說：「證悟猶如少女樂，妙樂難宣定日人。」

在所有教言中，如何描述心的這種實相呢？就像前面講的，它超越言語名相，證悟法性如啞人做夢。為了表達這種境界，特別提到「明空雙運」、「顯空雙運」、「覺空雙運」、「樂空雙運」等。這些在接下來將會依次說明。

64

明空雙運如水月，無所貪著定日人。

接下來是第64則教言。首先說明「明空雙運」。當我們觀察心是什麼，會發現它沒有任何實質、形狀或顏色。心的本性是「空」。但這個「空」並非漆黑一片、什麼都不知道的無知狀態，而是具有明晰覺知的本質。因此，明的本性就是空，空的本性就是明。透過推理，能生起明空雙運的定解；透過修持體驗，也能了知心的實相就是明空雙運。就像水中的月影——水月本性雖空，卻清楚顯現。雖然水中沒有真正的月亮，卻能看見月亮的投影。所以說「明空雙運如水月，無所貪著定日人」——心沒有貪著、障礙與遮蔽。

一般來說，明空、顯空、覺空、樂空等，都是在說明萬法無自性的空性。這些「空」的意義相同。但在不同的情況下：說「明空」時，是指空性具有明分；說「顯空」時，是指空性能顯現萬法；說「覺空」時，是指空性能覺知一切。在大圓滿中，「覺性」是指不同於其他的特殊心性實相。說「樂空」時，是指空性不是痛苦的狀態，也不是毫無作用的呆滯，而是具有安樂的本質，所以稱為「樂空」。

65

顯空無別如虛空，心無中邊定日人。

接下來是第65則教言。外在顯現以各種形態出現——色、聲、香、味、觸等。但這些顯現的本質都是空的。它們顯現在哪裡呢？只是顯現在心中，沒有充分的理由說它們真實存在於外境。一切顯現都是心——這是因為它們都有「明知」的特質。外在的顯相只是顯現於心，沒有任何東西不顯現於心。因此，顯現就是心，心的本質就是空。這樣顯而空、空而顯，顯空不二，就像虛空一樣。所以，雖然一切顯現都出現在心中，但心沒有邊際或中心，也沒有大小之分。因為心的本性遍及一切，所以說「心無中邊定日人」。

66

正念不散如佳鏡，離諸宗見定日人。

接下來是第66則教言。保持正念不散亂的觀修，就像美人照鏡一樣。「離諸宗見」是指沒有任何宗派立場或邊見[註]。這是說，應該在顯空不二的境界中，以正念不散的方式來修持。

註：邊見是「邊執見」的略稱，意思是，執著片面極端之見解。（引自《佛光大辭典》）

67

覺空無別如鏡像，彼無生滅定日人。

接下來是第67則教言。一般來說，談到「覺性」，從大圓滿的口訣來看，需要區分「心」和「覺」。如何區分呢？當沒有認出心的本性而處於散亂狀態時，稱為「心」——此時有許多念頭活動，狀態混亂無序。而「覺」是指安住於心不散亂的境界。覺的本質是空，空的本質是明和覺，這就是所謂的「覺性」。

覺性的本質也不是實有的。覺與空無二無別，就像鏡中的影像——鏡中雖無實物，卻能顯現影像。前面（教言64）用水中月影比喻明空雙運，這裡用鏡中影像比喻覺空無別，兩者的意思相同。但前者是說「顯現雖顯，本質是空」，後者是說「明覺雖明，本質是空」。

「彼無生滅」是說：覺性本來就在我們心中，只是被心的各種活動遮蔽了，所以我們沒有認出它。覺性並非原本沒有而新生，也不會消失滅去，因此說它是「無生滅」的。

68

樂空無別日照雪，無可執取定日人。

接下來是第68則教言。當如實證悟心的實相，前面（教言63）說的「妙樂難宣」與這裡說的「樂空無別」，意思相同。雖然顯現為樂，但樂的本質是空；空中顯現樂，樂的本質是空，因此說「樂空無別」。

這就像陽光照在雪山上，呈現明亮耀眼、光彩奪目的景象，但無法分開說「這是太陽」、「這是陽光」、「這是雪」。同樣地，樂與空也無法分開說「這是樂」、「這是空」。樂的本質就是空，空的本質就是樂，樂、空兩者無二無別，因此說「無可執取」。

以上（教言43至68）所講的，是入定時的體驗和覺受。接下來（教言69至97）將說明出定後的體驗，以及出定後如何保持正念、正知與不放逸的方法。

69

謬語無跡如谷響，於聲無執定日人。

接下來是第69則教言。前面已經講解了定中修習三摩地的方法，現在將依序說明出定後的行持方式。

一般來說，會有各種顯現生起。這些顯現都是虛妄之語——有時是好話，有時是壞話。如果我們能時常保持正念、正知、不放逸，就能攝持自心。否則，失去正念和正知後，會因某些話而生起傲慢，因某些話而生起嫉妒，因某些話而生起瞋恨，因某些話而生起貪欲等煩惱。由煩惱造作惡業，進而損害自他。因此，不要追隨言語，虛妄之語就像山谷回音，雖有聲響，卻毫無實質。

所以說「於聲無執」——對聲音不要貪著。聽到好話時，不執著「他說了好話」；聽到壞話時，不生起「他說了壞話」的瞋恨。對一切好壞聲音，都要安住在無執平等中。

70

苦樂循環如琵琶，順緣由業定日人。

接下來是第70則教言。苦樂的虛幻流轉——有時快樂，有時痛苦——就像琵琶的聲音。琵琶聲依靠撥動琴弦而產生，同樣地，我們的苦樂是因為業力而產生。即使我們想讓事情變好，也無法立刻實現；即使我們擔心發生不好的事，也無法馬上阻止。業果終將成熟。那麼，有什麼能幫助我們呢？只有修持正法才有幫助，因此說「順緣由業定日人」。

71

輪涅自解如童戲，心無所依定日人。

接下來是第71則教言。這則教言講的是輪迴與涅槃的道理。一般來說，輪迴中會出現種種幻相，但這些幻相並無可依靠之處。它們本來就會自然解脫，本性即是空性。這就像小孩在玩遊戲，玩得順心時會非常高興，但這並沒有獲得什麼實際的好處；玩得不順心時會傷心哭泣，但其實也沒有受到真正的傷害。

《入菩薩行論》中說：「沙屋傾頹時，愚童哀極泣。」[註] 孩童堆沙屋，希望堆出美好的房子，但是當沙屋倒塌，他們覺得白費心力而哭泣。即使最初把沙屋堆得很好，沒有什麼實質的好處；後來沙屋倒塌了，也沒有什麼真正的損失──本來就沒有實質意義。所以，沙屋堆好了不必歡喜貪著；沙屋倒塌了也不必恐懼痛苦。同樣地，凡夫會對幻相生起種種貪執、耽著和瞋恨，但是，如果仔細思惟，正如教言所說「心無所依定日人」──既不需要特別期待什麼，也沒有什麼值得憂慮的。

註：出自《入菩薩行論》第六品〈安忍〉，如石法師譯。

72

外在戲論集於心，冰溶成水定日人。

接下來是第72則教言。外界的種種戲論——那些讓人眼花繚亂的事物，有些成為貪欲的對境，有些成為瞋心的對境。但是追根究柢，問題並不在外物本身，而是聚集在我們心中的反應。就像頌文說的「冰溶成水定日人」——冰塊雖然堅硬，但冰塊的本質是水，終會融化。同樣地，不要對外物生起強烈的貪瞋執著，而應當修習正法，安住內在禪定。這樣一來，那些成為貪、瞋、癡對境的事物就無法造成任何傷害。

73

無明迷輪如地湧，欲遮不止定日人。

接下來是第73則教言。因無明而起的迷亂循環是怎麼來的呢？輪迴幻相的根本就是無明。一般來說，十二緣起中的「無明」，是指不了解業果、四諦等真相。輪迴的種種迷亂就是從這裡來的。從大手印修行來看，是因為不認識平常心，所以在輪迴中迷失。

眾生怙主帕莫竹巴曾向噶當派的大學者恰巴卻吉僧格請教：「輪迴的種種幻相是怎麼來的？」恰巴卻吉僧格回答：「是從十二緣起的第一支——無明而來。」帕莫竹巴聽了還是有些疑惑。

後來，他又去拜見薩欽貢噶寧波，問：「輪迴的根本是什麼？」薩欽貢噶寧波說：「輪迴的根本是因為左右二脈的氣沒有進入中脈。」帕莫竹巴聽了還是沒有完全明白。

最後，帕莫竹巴去拜見岡波巴大師，請問輪迴的根本從何而來。大師說：「輪迴的根本是因為不認識平常心。如果能認識平常心，就有了脫離輪迴的殊勝口訣。」帕莫竹巴聽了生起極大的信心，成為岡波巴大師的首座弟子，後來成為所有噶舉派的源頭。

因此，「無明迷輪」就是因為不認識平常心，所以產生種種幻相。那麼，要怎麼對治呢？必須安住在心性的真實狀態中。如果想用其他方法來阻擋無明，就像地上湧出了泉水，堵住右邊，水會從左邊湧出來；堵住左邊，水又會從右邊湧出來，根本擋不住，所以說「欲遮不止定日人」。

74

輪涅迷亂如遇敵，善為助伴定日人。

接下來是第74則教言。輪迴的種種幻相，就像遇到怨親一般——其中有些更像是遇到仇敵或強盜。碰到強盜，嚴重的話可能會喪命，輕微的狀況也會損失財物，總之會遭遇各種困難。為了避免這些困難，我們需要像護送者一樣的幫手。所以說「善為助伴定日人」——要用身、語、意三門來行善，有了善行作為助力，才能在如仇敵般的輪涅幻相中獲得保護。

正如《入菩薩行論》中說：「如人雖犯罪，依士得除畏；若有令脫者，畏者何不依？」[註]所以應當生起菩提心。

這裡說要「行善」，而在所有善行中，最殊勝的就是發無上菩提心。即使只是短暫地修習菩提心，也能讓我們從罪業中解脫。既然如此，我們為什麼不依止這樣的菩提心呢？所以，一定要發起殊勝的菩提心。

註：出自《入菩薩行論》第一品〈菩提心利益〉，如石法師譯。創古仁波切解說菩提心的利益，可參考《成為菩薩的每日練習》，2022年10月，創古文化出版。

發起菩提心的方法很多，可以念誦詳細的儀軌，也可以念誦簡短的儀軌，或者只是做一個簡單的祈願都可以。這些儀軌的內容都包含皈依和發心。在發心的時候，如果能發廣大心，就會產生無量的善根。藉由這些善根，我們就能從恐懼和痛苦中解脫。這就是這則教言的含義。

我們造了重罪之後，果報一定會成熟。那要怎麼讓它不成熟呢？怎麼讓自己這輩子、下輩子都不受苦呢？答案就是要生起菩提心。如果能夠生起菩提心，就算曾造作會下地獄的重罪，也會像絲球掉到地面馬上彈起來一樣，在地獄裡待一下子就能出來。或者，就算造作了會下地獄的惡業，只要生起菩提心、保持善念，可能只會頭痛一下，罪業就清淨了。這就是「善為助伴定日人」的意思。

75

五身自明如金洲，莫生希憂定日人。

接下來是第75則教言。究竟果位的五身本來就在我們身上具足了，就像到達遍地黃金的金洲一樣，五身的果位本來就是我們的。所以不要對它患得患失，不要想著要斷除什麼、要修持什麼，只要安住在心性的真實狀態就好。不需要有太大的期望或擔心，也不必執著於要斷什麼、要取什麼。這就是這則教言的意思。

76

暇滿人身如寶洲，勿空手歸定日人。

接下來是第76則教言。我們已經得到了具足暇滿的珍貴人身，這真的是很難得、很幸運的事。就像到達了寶洲一樣——既然到了寶洲，當然要取寶。

這個比喻源自印度。佛陀在世的時候，印度很富裕，人們生活得很安樂。那時候印度的人口不像現在這麼多，土地遼闊、物資豐富、生活富足。這些財富是怎麼來的呢？

原來大商人們會去印度附近的小島取寶。那些島上有各式各樣的珍寶，要拿多少都可以。商人們會坐船前往，但這可不容易，那時候沒有現在這種堅固的大船，只能坐小船去。有時遇到大浪，小船就過不去了；有時也可能遭遇巨大的海洋生物，小船也躲避不了，是真的要冒著生命危險才能到達。所以，只有真正有勇氣的商人才能到達寶洲，膽小的人根本去不了。這些勇敢的人不怕困難、不怕危險，一心一意要去取寶。商人們到了寶洲以後，珍寶要拿多少都有。他們把寶物裝上船帶回來，在印度各地做生意，因此創造了巨大的財富，過著幸福的生活。

所以，如果歷經千辛萬苦、冒著生命危險到了寶洲，能夠帶著各種珍寶回來，那當然很好。相反地，如果有人吃盡苦頭、不怕危險地到了寶洲，結果什麼都沒拿就空手回來，這個人不是太傻了嗎？

如果能求得各種教言，然後認真修行，就能利益自己和許多眾生，為大家帶來安樂，自利利他都能成就。要是得到了暇滿人身卻白白浪費，讓它變得毫無意義，那就太可惜了。所以千萬不要這樣。既然現在得到了人身，一定要修持正法，要修出一些成果再走。

求得了教言之後，就要好好修持。有一本書叫《恰美山居法》，是大學者、成就者噶瑪恰美仁波切寫的，他將很多不同的教言匯集在一起。[註1]這些教言既容易實踐，內容又很完整，閱讀這本書對修行會有很大的幫助。堪布卡塔仁波切在美國的噶瑪三乘法輪中心（KTD），花了很多年的時間傳講這部《恰美山居法》，現在已經出版成書了。[註2]

註1：本書由噶瑪恰美仁波切（Karma Chagmed Rinpoche，1613–1678）講述並編纂，書中彙整了上百部實修閉關典籍精要，書名《山居掩關親誡》，簡稱《山居法》；後人為感念仁波切的大恩德，亦稱此書為《恰美山居法》。

註2：堪布卡塔仁波切（Khenpo Karthar Rinpoche，1924–2019）講解的《恰美山居法》中譯本，全七冊，2013–2022年，眾生文化出版。

如果能夠閱讀這套書，並且依照書中的方法修持，不管是遇到快樂或痛苦、遭遇各種違緣，也不論修行是順利或遇到障礙，都會知道該怎麼做、用什麼教言、怎麼修持——書裡都寫得很清楚。所以，閱讀之後照著修持，一定會有很大的收穫。

77

大乘法行如意寶，求之難得定日人。

接下來是第77則教言。一般來說，小乘和大乘兩者之中，我們應當修持大乘的法門。

所謂修持「大乘法」或「法行」，以噶瑪大乘深明苑為例，上午會做早課、念誦〈二十一度母讚〉，以及修持煙供等各種儀軌；下午則會進行瑪哈嘎拉護法供養。這樣的修持能帶來很大的利益。就暫時的利益來說是什麼呢？如果修持正法時遭遇違緣和障礙，可以消除；如果今生的安樂遇到違緣和障礙，也能夠化解。不僅如此，這也是我們獲得究竟果位的因，所以非常重要。

所謂「法」，要依照次第來修持。在修持的過程中，就如「無上引導者僧伽珍寶」所說，大家應該彼此互相幫助，讓還不精進的人能夠生起精進，讓還沒有信心的人也能生起信心，鼓勵那些還沒有開始修習正法的人開始修習。正因為會有這樣的助益，所以我們按照法行中所教導的內容來念誦儀軌、修法，這樣的行持就如同如意寶一般珍貴，因此說「求之難得定日人」——這樣的機會即使刻意尋求也難以獲得。當我們擁有這樣的機會和順緣，如果能夠精進修持，那就是極大的福報。

78

衣食溫飽皆可辦，要義歸法定日人。

接下來是第78則教言。今生的飲食、衣物、財富和受用等等，即使不是特別豐足優渥也沒有關係，因為無論如何都能過得去。那麼，人生中什麼才是最重要的呢？就是「要義歸法」——應該將佛法當作人生的核心。如果能夠好好修持正法，這才是人生真正的意義所在。如果過分看重今生的世間事務而耽擱了修法，就會有極大的損失。相較之下，即使在世間事務上有些損失，只要能夠以佛法為核心，將來必定會獲得很大的利益，所以說「要義歸法定日人」——教導我們應當精進於佛法。

79

年少之時勤修行，老來難行定日人。

接下來是第79則教言。在修持佛法的過程中，有時會遇到困難，這時候應當歡喜地接受這些考驗。比如，修一次前行，要做十萬遍大禮拜，這確實很艱難，但是應該承受這樣的辛苦，並且精進努力。這種精進也要從年輕時就開始培養。現在正值青壯年，體力充沛，正適合精進修行，而且也有精進修持的好機會。如果年輕時不努力修法，而在在世間事務和享樂中散亂度日，到了年老體衰的時候，即使想做十萬遍大禮拜也力不從心了。所以，應當趁年輕力壯時就開始修行佛法，不要想著等到老年再修行。如果年輕時沉迷於世俗事務，想著老了再修行，就會錯失良機，因此教言說「老來難行定日人」。

80

煩惱起時應對治，諸相自解定日人。

接下來是第80則教言。煩惱會不時地生起，這並非因為我們本質上有什麼問題，而是由於無始輪迴以來串習的習氣力量使我們無法制伏煩惱，所以煩惱才會生起。既然我們已經學佛修行了，當煩惱生起時，應當如何面對呢？要以對治法來應對。比如，生起貪心的時候，要能夠制伏它；生起瞋心的時候，要能夠修習安忍來調伏它。

在這樣的修持過程中，可能會想：「煩惱還是會生起，即使運用對治法，也無法澈底斷除。」然而，由於煩惱本來就是客塵——暫時的垢染，終究是可以解脫的。

這就好比太陽被雲遮蔽了，陽光本來就存在，而雲只是暫時出現的。因為雲是暫時的，遇到風等因緣就能夠吹散，總有一天會散去。同樣的道理，心的實相本來就成立，而煩惱只是依靠暫時的因緣而生起。當我們運用對治法的時候，有時能夠調伏煩惱，有時則比較難制伏，然而，煩惱在實相中本來就不成立，因此透過逐漸地串習，終究能夠調伏，並且澈底遠離。所以說「諸相自解定日人」——煩惱與對種種相狀的執著分別都沒有自性，終將會在無自性的狀態中自然消散。

81

時時憶念輪迴過，激發信心定日人。

接下來是第81則教言。當我們住於世間輪迴的時候，有時會遇到違緣和障礙。遇到這種情況，不要認為：「我真是命苦，為什麼總是這麼倒霉！」而是要想：「這些違緣、障礙和痛苦，有時確實會不請自來，無法避免。」為什麼會這樣呢？這並非因為我們個人暫時的某個因緣所導致，而是輪迴的本質就包含了這些特性。輪迴中的一切都不出「生際必死、合際必分、積際必盡、築際必塌」這四際的範圍。例如，一棟建築得再高的房屋，最終必然會倒塌；即使是前人費盡心力建造的宏偉建築和巨石建築，最終也都會毀壞。回顧歷史，曾經有許多英勇智慧的人物，但他們除了留下一些事蹟之外，百千年後的今天已經沒有一人存在。為什麼會這樣呢？這就是世間輪迴的本質。世間輪迴沒有一樣不被四際所涵蓋。所以說，這個世間輪迴的本性就是痛苦，本性就是違緣和障礙。

那麼，有什麼方法可以幫助我們呢？有任何解決的辦法嗎？確實是有的。是什麼呢？就是我們不應該只是尋求暫時脫離痛苦的方法，而要精進於澈底解脫輪迴的方法。具體的方法就是精進修持正法，向三寶祈請、皈依三寶、發起殊勝的菩提心。透過這樣的修持，不僅自身能從輪迴痛苦中獲得解脫，解脫之後還能具足利益眾生的能力，直至輪迴完盡。這種能力從何而來呢？就是依靠正法而來的。所以說「激發信心定日人」——思惟痛苦能夠激勵我們對於正法的信心和虔敬，所以不時地觀修輪迴過患會有極大的利益。

82

今發精進守本分，死後得引定日人。

接下來是第82則教言。今生我們不僅獲得了善妙的人身，還有機會進入佛門、修持正法，能夠擁有如此殊勝的因緣，實在非常難得。但是在這樣的情況下，我們有時還是會被懈怠困住，因此要發起精進，守住本分，做到真正利益自己。

如果能夠修持正法成就自利，有什麼好處呢？能夠引導自己死後的去向，趨向善道。相反地，若是不能真正修持正法，未來會投生善道還是惡道就無法確定了。因此，我們要對正法修持有把握，能夠確信地想：「我確實已經這樣修持了正法。」如此，死後便能引向善道。所以尊者提醒定日的人們，要以歡喜愉悅的心情修持正法，這是非常重要的。

83

今若無閒何時閒？百時一餐定日人。

從無始以來，我們已經在輪迴中經歷了無數次投生，而從現在起，還會在無盡的輪迴中繼續投生。然而，能夠真正成就自利、獲得殊勝果位的良機，就在今生——我們現在有閒暇，獲得了修持的好時機。從佛法的角度來說，這就是具足十八暇滿的珍貴人身。各位現在能夠進入佛門、值遇正法，實在是極為難得的福報。

難得的原因是什麼呢？佛陀的教法最初是在印度弘傳，而印度距離北美非常遙遠，就像是在地球的兩端，中間還隔著汪洋大海。所以，佛法直到很晚近才得以傳播至此。然而，由於佛陀不可思議的大悲心和事業，以及各位弟子們不可思議的信心和虔敬，今生我們才有值遇佛法並且付諸實修的殊勝機緣。如果各位是在一百年前來到北美，就不會有機會接觸到佛法。現在佛法在北美弘傳的時機，剛好與各位聚集在這裡的時機，兩者因緣和合。雖然因緣和合，但有些人還是對佛法生不起興趣，這也不是什麼大問題，只能說他們自然生起信心的機緣尚未成熟而已。

然而，各位獲得了殊勝的機緣，對正法生起了信心和信任。有些人生於此地而遇到佛法，有些人從他處遷移至此，都在這裡獲得了遇到佛法的良機。能有如此因緣，可以說是佛陀的大悲和加持，也可以說是各位的信心和虔敬——正是這兩者因緣和合，今生才會得到如此殊勝的機會。

這裡說的「百時一餐」，是指一百次用餐的時間中只有一次機會，這是極其難得的機會。對於如此殊勝的機會，我們有時卻會想：「今天我應該好好修持佛法，可是還有些工作要忙，沒有時間。」或者想：「今天應該聽聞佛法，但實在沒空。」遇到這種情況，我們應該選擇佛法，因為這才是最重要的。如果今天沒有時間，何時才會有時間呢？既然現在有空閒，就要創造修法的機會。如果總是想著現在沒空、明天沒空、下個月沒空，明年也沒空，那麼永遠都不會有空閒的時候。所以，趁現在還有機會，就要讓自己投入正法、修持正法，這是非常重要的。

84

壽無可恃如草露，切莫懈怠定日人。

接下來是第84則教言。為什麼我們現在要放下世間的瑣事，投入修行大事呢？我們現在擁有極其難得的機會——獲得暇滿人身、值遇正法，這是修行的良機。然而，當我們想要修行時，如果無法做到，要提醒自己不要理所當然地認為壽命可靠——人的生命就像草尖上的露珠，毫無保障。生命的本質就是無常，不是恆常不變的。尤其在現代社會中，造成死亡的因緣太多了，比如：車禍、火車事故、飛機失事等等。因此壽命毫無保障，我們必須從現在就開始精進修行。

不僅如此，現今由於人們的惡念與惡行，恐怖襲擊或武器威脅隨時可能發生在任何地方，完全無法預料。因此，如果現在就能精進修行，內心便會安定；即使遭遇可怕的事情，也能從容以對。一個人如果心裡能想著「我已經好好精進修行了」，這是極大的福報。即使做不到這樣，只要想到「我曾經修持過一些佛法」，心中也會生起勇氣。因此，教言提醒我們「切莫懈怠」，現在就要投入佛法，不要耽溺在散亂之中，要盡力修持正法。

85

今生若從此失足，人身難復定日人。

接下來是第85則教言。我們現在正走在一條正確的道路上，但是這條路很狹窄，必須小心謹慎地走。如果一不小心失足滑落，就會澈底跌落下去。一旦跌落，想要重新站起來——再次獲得這個善妙的人身，是非常困難的。為什麼說人身難得呢？因為如果沒有值遇正法，人身確實難得；不過，如果能夠修持正法，未來再獲得人身就不是那麼困難了。因此，值遇正法是最重要的。

上一則教言提到，壽命不可依賴、難以預測，這一點確實令人害怕。然而，消除這種恐懼的方法，現在就在我們手中。如果修持正法，即使面臨可怕的死亡，到時候也不會感到害怕。同樣地，現在失去這個人身之後，未來還能再得到人身嗎？一般來說確實很困難，不過如果能夠修持正法，未來就能夠再次獲得人身。因此，不要浪費現在這個人身，這非常重要。

86

佛法如同雲中日，唯有今時定日人。

接下來是第86則教言。佛陀的教法會根據佛陀事業的展現，以及眾生的因緣而有興衰。有時興盛，有時衰微，就像雲中的太陽，時而顯現，時而隱沒。而現在，佛陀的教法正如陽光穿透雲層，而我們恰好生而為人，又遇到佛法，這些因緣同時具足。能夠值遇正法是難得的善緣，千萬不要浪費這個機會，這是非常重要的。

以古印度為例：佛陀來到世間，轉動法輪，佛法因此廣傳。後來建立了那爛陀寺、超戒寺等聖地，佛法如陽光普照。當時出現了無數不可思議的大師——講法的、修行的、成就的、博學的。然而，如果今天我們去印度，有些地方還能遇到佛法，有些地方已經找不到了。

佛陀聖地的中心是比哈爾邦。如今去到那裡，我們可以看到佛陀遺留的聖跡，也能看到那爛陀寺的斷壁殘垣，但是我們已經聽不到講法的聲音了。能夠親見這些遺跡，本身就是很幸運的事，如果能夠因此生起信心就更好了。若只是像觀光客一樣走馬看花，那就沒有什麼意義了。

我們應該想著：「古代的印度班智達曾經在這裡講法，因為他們，我們如今才能遇到佛法，這是多麼的難得！」如果能夠生起嚮往、信心和虔敬，參訪才有意義。如果只是說：「這裡有塊大石頭，是某位古人留下的。」只當作是去參觀歷史古蹟，那就沒有什麼用處了。

佛法會隨著因緣時興時衰。而現在，我們能夠聽法、學法、修法，如果能夠好好地修持，那是非常好的；即使做不到，只要生起一點信心和虔敬，也很珍貴。所以教言說「唯有今時」——佛法興盛、我們遇到佛法、進入佛門、生起修行的勇氣，這些因緣能夠在此時此地匯集，實在是無比稀有難得的機會。

87

善說教人己不行，過失在己定日人。

接下來是第87則教言。學習佛法並進入佛門的人，一般來說很幸運。但也有一個危險：稍微懂了一些佛法道理，就開始能言善道，對別人說教，自己卻沒有實修。這就是「光說不練」的過失。

如果有這個過失，必須認識到這是自己的問題，這就是帕當巴桑傑說的「過失在己」。我們應該常常自省：「這不就是在說我嗎？」如果見到帕當巴桑傑，或許會想向他懺悔：「請您原諒我，請不要責備我。」因此，不管我們懂得多少佛法，都不能只是嘴上說說，而是要真正做到，這非常重要。否則就會變成懂佛法卻不修行的人，必須特別小心避免這種過失。

現在我們身處在一個發達進步的社會，各種佛教書籍和雜誌都能出版，這是一件好事。但是也出現一些問題：有時候，現在的作者會更動古代上師的傳記，批評「那個時間不對」，或者說某些內容「是愚昧的、虛假的」。有些這樣的書籍可能更受歡迎，但是這類的批評，即使表面上看來沒什麼不妥，卻很難帶來真正的利益。

那麼，應該怎麼做呢？就像皈依文中說「珍貴僧寶是無上的引導者」一樣，我們被引導進入佛門的真正意義，不是遠離佛法，而是投入佛法，這樣才會帶來很大的利益。因此，撰寫佛教書籍的時候，不要帶有策略性的動機，而要懷有真切利益眾生的心，這麼做的話，不僅自己能夠累積福報，也能幫助他人進入佛門，我們必須清楚明白這一點。

如果批評某些佛法內容是假的或有問題的，那些智慧不足的人，因為無始以來的習氣和無明，就有可能懷疑佛法本身有缺陷，因而生起邪見，這樣是很危險的。

所以，撰寫佛教文章或書籍的時候，心中要有慈悲心，想辦法幫助人們對佛法生起信心，提供人們進入佛門的方便，這是非常重要的。

88

信心易隨緣而轉，思輪迴過定日人。

接下來是第88則教言。我們都有信心，但是很容易隨著因緣改變——遇到善緣時，信心和虔敬會增長；遇到逆緣時，信心和虔敬就會減弱。

那麼，有什麼方法能讓我們的信心不減反增呢？答案是：觀修輪迴的過患。我們時常遇到各種痛苦、逆緣和障礙，然而，就像之前解釋過的，這些違緣和障礙並非本來就有，而是輪迴本身的一種狀態。

好好思考這一點，就會明白：我們必須從輪迴中解脫，而佛法正是解脫的方法。有了這樣的認識，對於佛法的信心不但不會退失，反而會愈來愈增長。這就是「思輪迴過定日人」的意思。

89

親近惡友染惡習，尋心為證定日人。

接下來是第89則教言。這裡說的「善友」和「惡友」，是從修行角度來區分的。善友就是善知識，會鼓勵我們修行；惡友則是讓我們遠離佛法，或者說佛法不好的人。如果親近惡友，不知不覺就會染上惡習。

因此，我們要好好觀察自己的心：我現在是好是壞？未來的方向和目標是什麼？現在該怎麼做？答案要向內心去尋找，因為心是最誠實的證人，這就是「尋心為證」的意思。

90

無明迷惑禍鬼根，守護念知定日人。

接下來是第90則教言。什麼是「三毒」、「五毒」？一般說的「毒」，是指會傷害我們、奪取性命或讓身體生病的東西。但是佛法說的三毒、五毒，是指不善的分別念。分別念有善有惡，三毒、五毒屬於惡的分別念。為什麼叫做「毒」呢？因為它們會帶來痛苦、逆緣和障礙，所以佛陀稱之為「毒」，並且教導我們應該努力斷除它們。

其中最關鍵的就是無明造成的迷亂。這種無明迷亂是招來一切禍患的鬼魅。前面提到過，帕莫竹巴尊者曾經請教岡波巴大師：「輪迴的根本是什麼？」大師說：「輪迴的根本，是不認識平常心的無明。」這種無明的迷亂，正是一切災禍的根源——讓我們遭受輪迴痛苦、造作惡業、增長煩惱。如何能夠斷除無明呢？需要以正念和正知為基礎，修習觀察心性實相的禪定。

那麼，這種禪定要怎麼修持呢？主要需要修持大手印的口訣。但是大手印的境界能夠立即證悟嗎？很困難，需要很大的福報才有可能。所以按照古代成就者的教導，需要修持本尊的生起次第和圓滿次第，在這之前，需要先修共前行的轉心四法、不共前行的皈依大禮拜等法門，一切都要按照次第來修持。

身體保持禪定姿勢的同時，心要保持不散亂，用正念和正知來攝持自心，這樣才有可能生起禪定。如果身體坐著，心卻跑了，那就沒有用了。同樣地，當我們在做大禮拜、獻供曼達的時候，心也要保持正念和正知，具備信心和虔敬，以歡喜雀躍的心情來修行。總之，身體行善的同時心要在，語言上行善的同時心也要在。無論修持什麼善法，都要保持正念和正知，所以說「守護念知定日人」。

91

不執五毒近正道，增對治力定日人。

接下來是第91則教言。我們因為無明而生起貪、瞋、癡、慢、嫉這五毒煩惱，為自己和他人帶來極大的傷害。其中最危險的是貪心、瞋恚和愚癡這三毒煩惱。

要怎麼斷除這些煩惱呢？如果能夠做到不去執著三毒和五毒，那就比較接近解脫之道了。所以必須培養「不執著」這個對治法，而且對治的力量要夠強大才行。如果只能偶爾運用一點微弱的對治力，遇到強烈煩惱的時候，是起不了什麼作用的。

所以說「增對治力定日人」。總之，無明導致的五毒，尤其是三毒煩惱，危害極大。我們必須能夠斷除它們，或者至少要能做到在心中阻止它們生起。

92

精進力弱易退失，披上鎧甲定日人。

接下來是第92則教言。我們需要透過對治法來斷除煩惱，需要對治的煩惱包括了五毒，尤其是三毒，而最根本的煩惱就是無明。運用對治法的時候，必須具備精進。斷除煩惱和增長善根，這些是不會自然發生的。為什麼呢？因為我們從無始以來一直在串習迷亂的顯現，這些習氣讓煩惱變得很難斷除。

煩惱難以斷除，不是因為它本身不能被斷。煩惱只是客塵——暫時的垢染，本來就可以被斷除和遠離。難斷的原因是無始以來累積的習氣太強烈，因而讓煩惱反覆不斷地生起。

煩惱生起時，如果沒有運用對治法及時處理，只是放任不管，那是不行的，這會成為痛苦的根源。無明是「禍鬼」，是一切痛苦的根本。我們必須想盡辦法斷除。斷除煩惱需要什麼助力或方法呢？關鍵就是精進，而且必須是很有力量的、勇猛的精進。如果精進力太弱，那就斷除不了煩惱。這就像兩軍對陣一樣，要讓代表我軍的對治法獲勝，讓代表敵軍的煩惱戰敗。怎麼能讓對治法獲勝呢？需要強大的精進力。精進力不足，對治法就會輸，煩惱就會贏。因此必須生起強大的精進力。這種精進需要什麼？需要像鎧甲一樣的勇氣。

經典中說精進有兩種：恆常精進和披甲精進。平常持續地修行，是恆常精進；在特別時刻發起強大心力的，則是披甲精進。當煩惱難以斷除，或者善根難以增長的時候，尤其需要具備披甲精進，所以說「披上鎧甲定日人」。

93

長伴習氣接踵至，莫蹈前轍定日人。

接下來是第93則教言。有時候，即使我們發起精進要調伏三毒、五毒和無明，那些長久伴隨的習氣還是會接踵而至，把我們拉回原點，無法繼續精進。為什麼會這樣呢？因為無始以來的惡習太過強烈，讓該斷的斷不了，看似快斷了又斷不了，連證悟和功德也時有時無。

為什麼會這樣呢？因為要斷除長久的惡習、建立新的善習需要時間，所以過程中會時好時壞。這種情況就需要我們持續地精進才能成功。如果被過去那些接踵而來的習氣拉回去，又走回老路，那就糟糕了。這樣的行為沒有任何意義，還會帶來傷害，所以說「莫蹈前轍定日人」。

94

領悟力弱祈師尊，心生禪定定日人。

接下來是第94則教言。如果遇到這些狀況：聞思的時候無法領會其中的道理，修持的時候也生不起任何的證悟——領會和證悟的力量太薄弱的時候，應該怎麼辦呢？當覺受和證悟無法增長、禪定力無法提升，要用什麼方法才能進步呢？教言說「祈師尊」——要祈請根本上師和傳承祖師，這麼做會有幫助，能夠讓禪定在心中生起。

關於祈請能夠生起禪定，〈金剛總持祈請文〉說：「教云虔敬即為修行首。」意思是，信心和虔敬是修行的頭部——最重要的部分，所以要精進修持「上師相應法」、多做祈請。這麼做的好處就是，禪定能夠在心中生起並且增長。

舉個例子。人有頭部和身體，相比之下，頭部很小而身體很大。有人可能因此覺得身體比較重要，小小的頭部反而不太重要。但實際上，就算缺少了身體的某個部位，例如手或腳，雖然行動起來不方便，但還是能夠存活；如果沒有了頭，那就糟糕了。所以，小小的頭部反而是最重要的部位。我看過一部紀錄片，影片記錄了一個沒有手腳的人，因為頭腦健全，一樣活得很快樂。

同樣的道理，如果我們生起真實的虔敬祈請上師，禪定自然會在心中生起。所以，教言說要精進修持上師相應法。

95

欲得後樂今忍苦，佛陀在側定日人。

接下來是第95則教言。如果想要獲得長遠的安樂，現在就要學習面對痛苦、忍受各種考驗，發起精進修持正法。如果能夠這樣修持，就像是未來安樂的根源——佛陀——在身邊陪伴著我們，這樣一來，修行就不會太過困難了。因此，如果能夠現在就開始精進，那是非常好的。

96

將離定日遊方僧，速斷疑惑定日人。

接下來是第96則教言。這裡的「遊方僧」[註]，是當時印度對於成就者的一個通稱。當時的弟子們，應該就是用這個稱號來稱呼帕當巴桑傑。他為什麼會得到這樣的稱號呢？因為帕當巴桑傑的生平，確實展現了大成就者不可思議的行持境界。

他最初是大班智達噶瑪拉希拉，容貌非常莊嚴。有一次，他看到路上有人因重病而死亡，屍體被棄置在路邊沒人敢碰，因為都怕被傳染疾病。噶瑪拉希拉心生不忍，就運用奪舍法進入那具屍體，把自己原本的身體暫時放在一旁，將病死者的屍體移到僻靜處安置。

這時候，有一位相貌醜陋卻精通奪舍法的遊方僧經過，看到這個機會，立刻拋下自己醜陋的身體，用奪舍法進入了噶瑪拉希拉莊嚴的身軀，然後就離開了。

註：（譯註）遊方僧的藏文原文是使用梵文「阿闍黎」（ācārya）一詞。

當噶瑪拉希拉的心識回來時，發現自己的身體已經被人奪走，只剩下那具醜陋的軀體。無可奈何之下，他只好進入那具身體。

因此，帕當巴桑傑和噶瑪拉希拉雖然身體不同，但心識是同一個。後來帕當巴桑傑前往藏地和漢地弘揚佛法。晚年他在定日安住，臨近示寂的時候，給予了這個教言。當時他說：「遊方僧即將離開定日了，如果你們有什麼疑問，現在就要趕緊提出來。」這就是「速斷疑惑定日人」的意思。

97

我心無散定日人，汝等當隨定日人。

接下來是第97則教言。帕當巴桑傑因為心無散亂地精進實修，因此獲得成就。他告訴弟子們：「你們也要這樣不散亂地投入正法、實踐正法。如果能夠做到這一點，那就是對自己最大的恩德了。」

參｜後善——結語

後善——結語

如是遺教，留予定日諸眾。印度大成就者當巴甲嘎，又名帕當巴桑傑之口訣《定日八十教言》圓滿矣。

除此之外，還有頂果欽哲仁波切宣講的《定日百法》[註]這部殊勝教言。各位能夠閱讀這部教法的英文譯本，這確實是很好的因緣。這次我講解的是蔣貢康楚仁波切整理的版本，如果能夠同時學習這兩個版本，一定會有更多收穫。

註：《修行百頌：在俗世修行的一〇一個忠告》中譯本收錄在「頂果欽哲法王文選」系列叢書，2023年10月（二版），雪謙文化出版。

全書後記

此書緣起於加拿大噶瑪大乘深明苑師生的祈請。2009年8月（第十七勝生週期土牛年六月），我在該中心為信眾們講解這部教法，當時留下了錄音。後來本寺堪布雪樂彭措將錄音整理成文字，我再根據根本頌文和科判架構稍作修訂。願這份整理能夠利益佛法和眾生。

願一切吉祥增長！

於聖地南無布達創古札西仰澤寺

創古祖古 書

2022年2月15日

附錄

勇士妙音：讚頌帕當巴桑傑

本文收錄在《蔣貢康楚文集》的《廣大教言藏》第一函。此讚頌出自《無邊功德大海藏》中讚頌聖地的章節，歌頌印度大成就者帕當巴桑傑在藏地的修行聖境。

作者蔣貢康楚羅卓泰耶是十九世紀藏傳佛教的傑出大師，不分教派運動（利美運動）的重要推動者，一生致力於彙集與保存各教派的重要教法。其著作等身，最著名的《五寶藏》對藏傳佛教的傳承與發展有深遠影響。

本讚頌文所讚頌的聖地，根據跋文描述是帕當巴桑傑降魔、弘法的殊勝道場，為岩壁環繞、草地遍布的幽靜山境。

全文以優美的七言偈頌形式，描繪了帕當巴桑傑在此修行聖境的情景，並表達了對這位印度大成就者的無比敬意。偈頌共分四個部分：首先讚頌上師三密功德，接著以七支供養表達恭敬，然後祈請加持與證悟，最後以發願文作結。

༄༅། །ཕ་དམ་པ་སངས་རྒྱས་ལ་བསྟོད་པ་བརྗོད་པ་དཔའ་བོའི་རོལ་མོ་ཞེས་བྱ་བ།

《勇士妙音：讚頌帕當巴桑傑》

蔣貢康楚羅卓泰耶｜著
堪布羅卓丹傑｜藏譯中

འཕགས་པའི་ཡུལ་དུ་སྐུ་འཁྲུངས་ཤིང་། །ཕྱོགས་མེད་གནས་སུ་བརྟུལ་ཞུགས་སྤྱད། །
རྒྱ་བོད་གཉིས་སུ་འགྲོ་དོན་མཛད། །དམ་པ་སངས་རྒྱས་ཞབས་ལ་འདུད། །

降生聖境印度中，修行遊方無定所，
印藏兩土利眾生，頂禮聖者帕當巴。

སྦྱངས་པའི་ཡོན་ཏན་དཔག་ཏུ་མེད། །གྲུབ་ཐོབ་ཕོ་མོ་ལྔ་བཅུ་བཞིའི། །
བྱིན་རླབས་གདམས་པའི་བདུད་རྩི་གསོལ། །སྐྱེས་མཆོག་མི་ཡི་སེང་གེར་འདུད། །

頭陀功德難思量，五十四位成就士，
加持甘露親傳授，頂禮人中獅子尊。

བདེ་གཤེགས་གནམ་གྱི་སྐར་མ་ཙམ། །ཞལ་གཟིགས་རྗེས་སུ་གནང་བ་སྩོལ། །
མདོ་རྒྱུད་གཉིས་ལ་རང་དབང་ཐོབ། །འཇིགས་མེད་སྤྱོད་འཆང་དེ་ལ་འདུད། །

如天繁星諸如來，親見授予加持力，
經續二門得自在，頂禮無畏行持尊。

བདུད་བཞི་སྐྱེ་མེད་དབྱིངས་སུ་གཅོད། །ཐུག་ཕྲད་ཤེས་པ་རང་སར་གྲོལ། །

འཁོར་འདས་གཉིས་ཀྱི་འཁྲུལ་བ་ཞིག །དཔའ་བོ་ཆེན་པོ་དེ་ལ་འདུད། །

四魔無生法界斷，觸境覺心自然脫，

輪涅二相幻影消，頂禮無上大勇士。

རྟོགས་པའི་ཡེ་ཤེས་མཁའ་དང་མཉམ། །བྱིན་རླབས་གཟི་བརྗིད་ཉི་བཞིན་འབར། །

དོན་བརྒྱུད་ཆུ་ཀླུང་བྱེ་བའི་ཕྱུག །གྲུབ་པའི་སྐྱེ་མེས་དེ་ལ་འདུད། །

證悟智慧等虛空，加持威德如日耀，

實修傳承百川源，頂禮成就之祖師。

སྐྱེ་འཆི་མེད་པའི་བཙན་ས་ཟིན། །གནས་གསུམ་མཁའ་འགྲོའི་ཚོགས་ཀྱི་རྗེ། །

དོན་ཆེན་གསང་བ་ཀུན་གྱི་བདག །སྐུ་བཞིའི་དབང་ཕྱུག་དེ་ལ་འདུད། །

超脫生死得要津，三處空行眾之主，

祕密大義諸教主，頂禮四身圓滿尊。

སྒྲིབ་པ་ཀུན་སྤངས་གཅེར་བུའི་ཚུལ། །ཆོས་ཉིད་དོན་སྟོན་ནག་པོ་ཆེ། །

རྟེན་འབྲེལ་ཀུན་མཁྱེན་བལ་ཐུལ་གསོལ། །རང་བྱུང་རྣལ་འབྱོར་རྒྱལ་པོར་འདུད། །

斷盡諸障示赤身，法性開顯現黑相，

緣起遍智著羊裘，頂禮自生瑜伽王。

ཨཱ་ལི་ཀཱ་ལིའི་སྒྲ་དོན་རྟོགས། །བརྗོད་མེད་དོན་ལ་སྤོབས་པ་བརྙེས། །

བརྗོད་པའི་ཆོས་སྒོར་མཚུངས་པ་མེད། །སྨྲ་བའི་སེང་གེ་དེ་ལ་འདུད། །

母子音理盡通達，言外深意辯無礙，
說法門中無與倫，頂禮說法獅子尊。

བརྡ་དང་ཐབས་ཀྱི་གསང་བ་འཆད། །འབྲེལ་ཚད་རྟོགས་གྲོལ་དུས་མཉམ་མཛད། །

གྲུབ་ཐོབ་ལྔ་བརྒྱའི་གཙུག་གི་རྒྱན། །པ་གཅིག་དམ་པ་དེ་ལ་འདུད། །

表徵方便密意宣，一切觸境令悟解，
五百成就士頂嚴，頂禮帕記當巴尊。

སྐྱེ་འགག་མེད་པའི་དགོངས་པ་རྟོགས། །སྡུག་བསྔལ་ཞི་བྱེད་ཆོས་འཁོར་བསྐོར། །

སྡུག་བསྔལ་གསུམ་གྱི་འཆིང་བ་དགྲོལ། །འགྲོ་བའི་སྨན་པ་དེ་ལ་འདུད། །

通達無生無滅智，轉動息苦妙法輪，
三苦束縛悉解脫，頂禮眾生大醫王。

འབྱུང་བ་ལྔ་ལ་དབང་དུ་མཛད། །རྒྱ་བོད་ཀུན་ཏུ་ཞབས་ཀྱིས་བཅགས། །

རྫུ་འཕྲུལ་རོལ་མོ་མཐའ་ཡས་སྤྲུར། །འགྲན་གྱིས་ཟླ་མེད་དེ་ལ་འདུད། །

五大元素得自在，印藏兩地遍足跡，
神通變化無窮盡，頂禮無與倫比尊。

རྗོད་སྐུ་རྗེ་བཙུན་སྨྲ་བའི་སེང་། །གསུང་དབྱངས་སྐྱེ་མེད་ནཱ་དའི་སྒྲ། །

ནམ་མཁའ་ལྟ་བུའི་ཡེ་ཤེས་ཐུགས། །རྟོགས་ངོར་རོ་མཉམ་སྣང་བས་འདུད། །

尊身說法獅子王，妙音無生那陀聲，
虛空般若智慧心，證境一味現故禮。

སྣང་ཚད་ཡེ་ཤེས་ཆེན་པོར་མཆོད། །འཁྲུལ་པ་ཅེར་གྲོལ་ཉིད་དུ་བཤགས། །

ལམ་ལྔ་བགྲོད་མེད་རྗེས་ཡི་རང་། །སྟོང་ཉིད་རྟེན་འབྱུང་འཁོར་ལོ་སྐོར། །

現相大智作供養，迷亂直解即懺悔，
五道無行而隨喜，空性緣起轉法輪，

རང་ཤར་ཟུང་འཇུག་རྟག་བརྟན་གསོལ། །ཤར་གྲོལ་བརྗོད་མེད་དབྱིངས་སུ་བསྐྱོ། །

ཡེ་ཤེས་སྐུ་ལ་ཕྱོགས་རིས་མེད། །ཐུགས་རྗེའི་སྤྱན་ལ་ཉེ་རིང་མེད། །

自顯雙運祈久住，顯解難詮迴法界，
智慧法身無偏倚，大悲慈眼無親疏。

ཉམ་ཆུང་མོས་པའི་བུ་ལ་དགོངས། །རྟོགས་པའི་བྱིན་གྱིས་བདག་ལ་རློབས། །

ཉམས་རྟོགས་རྒྱ་མཚོ་འཕྱུར་བ་དང་། །མཁའ་མཉམ་འགྲོ་སྒྲོལ་དངོས་གྲུབ་སྩོལ། །

祈垂卑微虔信子，賜我證悟加持力，
願賜證量如海湧，度生事業等虛空。

ལམ་ལྔའི་མངོན་རྟོགས་མཐར་ཕྱིན་ནས། །རྡོ་རྗེ་ལྟ་བུའི་ཏིང་འཛིན་བརྙེས། །

རྗེ་བཙུན་ཁྱོད་དང་མཉམ་པ་ཡི། །གོ་འཕང་དེ་རིང་སྐྱུར་དུ་གསོལ། །

五道現證得圓滿，成就金剛三昧地，
願得等同尊者位，祈請今日速賜予。

此讚頌文作於孜托巴固雪山右側[註]，乃帕當巴降伏凶惡鬼神並令其立誓守護、使其心續成熟解脫之聖境。於岩洞附近美麗草地所成壇城中，跏趺而坐，文詞妙音自然流露，一座而成。作者署名自生無量智慧者(即蔣貢康楚羅卓泰耶)。願善妙增長！

註：（譯註）藏文原文為「孜托巴固雪山」（ཙི་ཐོད་དཔལ་མཆོད་ཀྱི་གངས་དཀར་པོ་），具體地理位置有待考證。一些學者認為可能是斯布利山（Tsibri Mountain）或其他聖地。

定日八十教言

頂禮上師，
定日有福瑜伽眾，如舊衣裳不復新，
病者壽盡醫莫救，地上世人必逝去，
恰似百川歸大海，一切有情皆如是。
一切有情皆如是，如鳥振翅離樹梢，我不久居將遷離。

1
今若虛度空手返，人身復難定日人。

2
三業勤修正妙法，即成勝業定日人。

3
至心皈命三寶前，自得加持定日人。

4
放下今生求後世，登願巔峰定日人。

5
夫妻暫聚如市客，勿起紛爭定日人。

6
財物如幻惑人心，莫為吝縛定日人。

7
色身不淨臭皮囊，莫過美飾定日人。

8

親友如幻非實有，勿過眷戀定日人。

9

土地家園如牧場，莫生貪戀定日人。

10

六道父母具恩眾，莫執我所定日人。

11

生已預示死必至，精進無暇定日人。

12

迷本無根暫現起，觀作者性定日人。

13

無散勤修正妙法，歿後引道定日人。

14

業報因果必真實，遠離罪惡定日人。

15

已作諸業如夢境，無事專修定日人。

16

何處生貪即斷除，一無所需定日人。

17

此世不能永久住，現在備離定日人。

18

世事無盡難修法，念起即行定日人。

19

林中猴群耽安樂，林緣火圍定日人。

20
生老病死河無橋，渡舟備否定日人。

21
生死中陰關隘險，五毒惑匪定埋伏，尋師護導定日人。

22
上師真實皈依處，頂戴不離定日人。

23
皈依上師達所願，生起敬信定日人。

24
有財必有慳吝心，無偏布施定日人。

25
有權必有罪惡隨，十指捫心定日人。

26
人間世界無親友，心當託法定日人。

27
散漫虛度暇滿身，立即決斷定日人。

28
散亂之時死魔至，立即修行定日人。

29
死魔來時無定期，立即準備定日人。

30
死時無人能救護，自度自脫定日人。

31
如日西沉影漸長，死魔不停步步近，速速逃離定日人。

32
去年花好今年枯，莫依此身定日人。

33
生時雖似天子貌，死時更甚魔軍怖，幻身欺惑定日人。

34
商客交易畢即散，友伴必離定日人。

35
幻化石堆必崩塌，速修不離定日人。

36
心鷲終將展翅飛，立即飛越定日人。

37
於恩父母六道眾，應修慈悲定日人。

38
怨敵皆是業幻相，斷除瞋毒定日人。

39
持誦皈依淨語障，斷除閒談定日人。

40
頂禮繞行淨身障，斷除俗務定日人。

41
以虔誠心淨意習，頂上觀師定日人。

42
俱生骨肉定分離，莫執壽常定日人。

43
持守勝境本然地，無有遷變定日人。

44
享用勝財心寶藏，無有窮盡定日人。

45
受用勝食禪定味，消泯飢苦定日人。

46
飲用最勝念甘露，永不間斷定日人。

47
依止勝友覺性智，永不分離定日人。

48
尋覓最勝覺性童，無有生死定日人。

49
空性中旋覺性矛，見地無礙定日人。

50
任運中修無礙力，行無取捨定日人。

51
無念之中守無散，修無沉掉定日人。

52
四身無別自心圓，果無希懼定日人。

53
輪涅根本歸自心，心無實有定日人。

54
貪瞋相如鳥無跡，莫執覺受定日人。

55
法身無生如日輪，光明恆照定日人。

56
妄念流如空屋賊，實無得失定日人。

57
受無蹤跡如水紋，莫逐妄相定日人。

58
貪瞋之念如彩虹，無可執取定日人。

59
動念自淨如空雲，心無定執定日人。

60
無執自解如徐風，莫貪對境定日人。

61
覺性無執如彩虹，覺受無礙定日人。

62
悟法性如啞人夢，言詮俱寂定日人。

63
證悟猶如少女樂，妙樂難宣定日人。

64
明空雙運如水月，無所貪著定日人。

65
顯空無別如虛空，心無中邊定日人。

66
正念不散如佳鏡，離諸宗見定日人。

67
覺空無別如鏡像，彼無生滅定日人。

68
樂空無別日照雪，無可執取定日人。

69
謬語無跡如谷響，於聲無執定日人。

70
苦樂循環如琵琶，順緣由業定日人。

71
輪涅自解如童戲，心無所依定日人。

72
外在戲論集於心，冰溶成水定日人。

73
無明迷輪如地湧，欲遮不止定日人。

74
輪涅迷亂如遇敵，善為助伴定日人。

75
五身自明如金洲，莫生希憂定日人。

76
暇滿人身如寶洲，勿空手歸定日人。

77
大乘法行如意寶，求之難得定日人。

78
衣食溫飽皆可辦，要義歸法定日人。

79
年少之時勤修行，老來難行定日人。

80
煩惱起時應對治，諸相自解定日人。

81
時時憶念輪迴過，激發信心定日人。

82
今發精進守本分，死後得引定日人。

83
今若無閒何時閒？百時一餐定日人。

84
壽無可恃如草露，切莫懈怠定日人。

85
今生若從此失足，人身難復定日人。

86
佛法如同雲中日，唯有今時定日人。

87
善說教人己不行，過失在己定日人。

88
信心易隨緣而轉，思輪迴過定日人。

89
親近惡友染惡習，尋心為證定日人。

90
無明迷惑禍鬼根，守護念知定日人。

91
不執五毒近正道，增對治力定日人。

92
精進力弱易退失，披上鎧甲定日人。

93
長伴習氣接踵至，莫蹈前轍定日人。

94
領悟力弱祈師尊，心生禪定定日人。

95
欲得後樂今忍苦，佛陀在側定日人。

96
將離定日遊方僧，速斷疑惑定日人。

97
我心無散定日人，汝等當隨定日人。

《定日八十教言》經典開示

——大成就者帕當巴桑傑的古老智慧，與創古仁波切的現代實修指南

༄༅། །ཞལ་གདམས་དིང་རི་བརྒྱད་ཅུ་པ་ཕལ་སྐད་དུ་བཀྲལ་བ་བློ་དམན་འཇུག་པའི་སྒོ་ཞེས་བྱ་བ་བཞུགས་སོ། །

教　　言	帕當巴桑傑
講　　述	第 9 世堪千創古仁波切
藏 譯 中	堪布羅卓丹傑
翻譯協力	耶喜拉莫
發 行 人	堪布達華
總　　監	堪布羅卓丹傑
社　　長	阿尼蔣秋卓瑪
責任編輯	璽達
封面設計	廖勁智@覓蠹
封面攝影	殷裕翔（翔子）
內頁排版	栗子

國家圖書館出版品預行編目資料

《定日八十教言》經典開示——大成就者帕當巴桑傑的古老智慧，與創古仁波切的現代實修指南；第 9 世堪千創古仁波切講述；堪布羅卓丹傑藏譯中 . -- 初版 . -- 臺北市：法源文化有限公司出版：中華創古文化協會發行，2025.07

224 面；17 × 22 公分 .

ISBN 978-626-96684-3-4（平裝）

1.CST: 藏傳佛教 2.CST: 佛教修持

226.965　　114008361

臺灣出版	法源文化有限公司
	地址：104 臺北市大安區忠孝東路 4 段 293 號 8 樓之 4
	網址：www.thrangudharmakara.org　email：dharma.kara.tw@gmail.com
臺灣發行	中華創古文化協會
	地址：106 臺北市大安區敦化南路二段 81 巷 49 號 7-1 樓
香港發行	創古法源文化
	地址：香港九龍觀塘成業街 11-13 號華成工商中心 9 樓 907 室
總 經 銷	紅螞蟻圖書有限公司
	地址：114 臺北市內湖區舊宗路 2 段 121 巷 19 號
	電話：886-2-27953656　傳真：886-2-27954100
	email：red0511@ms51.hinet.net

印　　刷	博創印藝文化事業有限公司
初　　版	2025 年 7 月
I S B N	978-626-96684-3-4（平裝）
定　　價	400 元（HK$150 元）